Tahar Ben Jelloun

W0190608

Arabischer Frühling

*Vom Wiedererlangen der
arabischen Würde*

Aus dem Französischen von
Christiane Kayser

 Berlin Verlag

3. Auflage 2011
Originalausgabe © 2011 Tahar Ben Jelloun
Für die deutsche Ausgabe © 2011 Bloomsbury Verlag GmbH, Berlin
Alle Rechte vorbehalten
Umschlagfoto: ap-Foto, Associated Press
Gesetzt aus der Minion von Greiner & Reichel, Köln
Druck und Bindung: CPI – Clausen & Bosse, Leck
Printed in Germany
ISBN 978-3-8270-1048-3

www.bloomsbury-verlag.de

Arabischer Frühling

Tahar Ben Jelloun wurde 1944 in Fès (Marokko) geboren, er lebt heute in Paris und Tanger. 1987 wurde er für seinen Roman *Die Nacht der Unschuld* mit dem Prix Goncourt ausgezeichnet. Im Berlin Verlag sind erschienen: *Das Schweigen des Lichts* (2001; BvT 2003; Impac-Literaturpreis 2004), *Papa, was ist der Islam? Gespräch mit meinen Kindern* (2002; BvT 2003), *Verlassen* (2006; BvT 2008), *Die Früchte der Wut* (BvT 2007) und *Yemma – Meine Mutter, mein Kind* (2007; BvT 2009); bei Bloomsbury Kinderbücher & Jugendbücher erschien 2004 *Dornröschen im Morgenland*. Tahar Ben Jelloun gilt als bedeutendster Vertreter der französischsprachigen Literatur des Maghreb.

Inhalt

VORWORT

In Debatten im Fernsehen oder Rundfunk wird oft »das Schweigen der arabischen Intellektuellen« bedauert. Doch seit die arabische Welt in ihrer Vielfalt und Komplexität unter mehr oder
weniger unverhohlen diktatorischen Regimen leidet (also seit
etwa einem halben Jahrhundert), sind die Intellektuellen nie
verstummt und haben sich auch nicht damit abgefunden, verachtet und gedemütigt zu werden. Viele haben für ihr Engage-
ment mit jahrelanger Haft samt Folter und jeder Form sadis-
tisch motivierten Entzugs bezahlt. Es gibt eine lange Liste von
mutigen Menschen, die die Verteidigung der Menschenrechte
mit dem Tod bezahlt haben. Ihr einziges Verbrechen besteht
darin, Gerechtigkeit und Freiheit für die arabischen Bürger gefordert und sich für die Anerkennung der unantastbaren Rechte
des Individuums eingesetzt zu haben. Bücher sind verfasst worden, die meisten wurden verboten und nur wenige übersetzt.
Einige Medien aus Ägypten, Libanon, Algerien und Marokko
haben unaufhörlich informiert und eben jene politischen Systeme angeprangert, die nun Konkurs angemeldet haben; immerhin zwei der am festesten etablierten Diktatoren sind in der
Folge zurückgetreten beziehungsweise geflüchtet. Wir möchten
also aus Europa bitte nie mehr zu hören bekommen: »Die arabischen Intellektuellen wehren sich nicht.« Denn der Satz ent-

behrt jeder Grundlage. Nicht nur, dass sie sich wehren, sie gehen auch jedes Mal Risiken ein, die kein westlicher Intellektueller sich vorstellen kann.

Bleibt noch Gaddafi, der Abscheuliche. Sein Fall ist am tragischsten, denn hier haben wir es mit Verbrechen gegen die Menschlichkeit zu tun. Diese Verbrechen begeht er seit Jahrzehnten ungestört und ungestraft. Er wird nur vor Gewalt weichen. Doch die Aufständischen, die versucht haben, den Osten des Landes zu befreien, sind weder organisiert noch gut ausgebildet. Gaddafi behandelt sie wie einen äußeren Feind und bekämpft sie mit der Luftwaffe und schwerem Geschütz. Im Fall Libyen wird es keine schnelle radikale Lösung geben. Doch über kurz oder lang müssen auch dieser groteske Diktator und sein Klan abziehen (sollten sie einen Abnehmer finden) oder einfach von der Bühne verschwinden wie in einer von einem gefälligen Dramaturgen schlecht inszenierten Tragödie: Sie werden vom Wüstensand verschluckt werden.

Es gibt eine erdrückende Verantwortung der USA und Europas für den Fortbestand dieses Regimes seit der Zeit, als es offen Terrorismus verübte. In der Nacht vom 17. auf den 18. März 2011 hat der UNO-Sicherheitsrat – einige Mitglieder mit Vorbehalt, in jedem Fall sehr spät und nur auf Drängen Frankreichs – die Resolution 1973 verabschiedet, um die libysche Zivilbevölkerung vor der mörderischen Häme Gaddafis und seiner Söldner zu retten. Die Verzögerung und das Zaudern der internationalen Gemeinschaft kann auf verschiedene Gründe zurückgeführt werden: Zu einem bestimmten Zeitpunkt konnte man den Eindruck gewinnen, Gaddafi könne in Ruhe sein Volk abschlachten, weil sowohl die Arabische Liga als auch die USA dem saudischen Druck nachgegeben hätten, den Sturm des Aufstands aufzuhalten. Die saudische Armee ist den immer stärker von Massenprotesten angeschlagenen Machthabern in Bahrain zu Hilfe geeilt. Laut der Agentur Reuters vom 15. März 2011 sind mindestens 200 Menschen bei den Auseinandersetzungen zwischen Demonstranten und Ordnungskräften in Manama getötet worden.

Die Resolution 1973 wird nicht alle Probleme lösen können, insbesondere weil die USA nicht noch in einem dritten islamischen Land direkt »eingreifen« wollen. Gaddafi ist eine Art intelligenterer und perverserer Saddam Hussein. Er ist nicht verrückt, auch wenn er bestimmte psychische Störungen hat; sagen wir, es handelt sich um einen Psychopathen, der verschiedene Elemente mehrerer die Geschichte in Trauer versetzender Diktatoren in sich vereint: eine Prise Mussolini, ein wenig Stalin, ein wenig Saddam und viel eigene Perversität.

Gaddafi ist fasziniert von Nasser. Er wird niemals so viel Anerkennung und Prestige erlangen (selbst wenn Nasser auch ein Diktator war). Gaddafi hat seine psychischen Komplexe in großspurige Trümpfe umgewandelt. Er hat schon immer aus der Distanz zur ihn umgebenden Wirklichkeit heraus gehandelt. Er agierte aus der Schräge. Selten von vorne. Libyen ist sein persönliches »Hab und Gut«. Er versteht gar nicht, wie man ihm das streitig machen oder vorwerfen kann. Er wird bis zum Ende kämpfen, alle Register ziehen, seine Schläferzellen auf der ganzen Welt wecken, um Terrorakte zu begehen.

Am besten wäre es, wenn Gaddafi verhaftet und vor Gericht gestellt würde. Doch er bereitet sich wohl auf alles Mögliche vor, wie sonst hätte er sich 42 Jahre an der Macht halten können?

Es erheben sich Proteste in Bezug auf die westliche Armada gegen Gaddafi. Sicher prägt die Erinnerung an den März 2003 (die US-amerikanische Intervention im Irak) als endlose Tragödie das arabische Gedächtnis. Doch heute handelt es sich um Hilfeleistung für ein bedrohtes Volk. Wer ertrinkt, ergreift jede Hand, die sich ihm entgegenstreckt: Man rettet sich an Land und diskutiert später. Das Unglück will, dass die arabische Welt seit mehr als einem halben Jahrhundert unter einer Art Fluch leidet. Illegitime Regime, mehr oder weniger unverhohlene Diktaturen, Erniedrigungen der Völker, Unrecht so gut wie überall. Nun weht ein Wind der Freiheit in diesen Ländern; er bringt auch Würde und die Anerkennung des Einzelnen mit sich. Natürlich klingt das alles nicht wie in einer Symphonie, wo jede Note ihren Platz hat. Es gibt Improvisation, Impulse, Ungeduld, schöpferische Kreativität, und man kann noch nicht wissen, worauf das alles hinausläuft. Sicher ist nur, dass kein einziges arabisches Staatsoberhaupt absolute diktatorische Macht mehr ausüben kann. Die Angst ist verschwunden, wie weggeblasen.

Männer und Frauen haben ihr Leben gegeben, damit dieser Frühling zu einer Befreiung werden kann. Die Ängste der Machthaber vor den möglichen Entwicklungen in Libyen, Jemen, Bahrain und Syrien sind verständlich. Manche Staatssysteme werden härteren Widerstand leisten als andere. Doch das Ende des Films kennen wir bereits: Die arabische Welt befindet sich mitten in einem Befreiungsprozess.

Ich habe dieses kleine Buch als Erklärungsversuch der Ereignisse in den arabischen Gesellschaften geschrieben. Im ersten Teil beschreibe und analysiere ich die Ereignisse. Den zweiten Teil bildet eine literarische Novelle, »Der Funke«, zur Situation arabischer Jugendlicher insgesamt am Beispiel des Tunesiers Mohamed Bouazizi. Der dritte Teil besteht aus zwei im Jahr 2003 geschriebenen, aber noch nie auf Deutsch erschienenen

Artikeln, in denen ich die arabischen Regime angeprangert und darauf hingewiesen habe, dass auch die Geduld der Völker an ihre Grenzen stößt.

Der größte Sieg des arabischen Frühlings liegt in seiner Reife; seit langem häufen sich die Demütigungen, wird die Verachtung immer unerträglicher, ist das Fass am Überlaufen und droht sogar in tausend Teile zu zerbersten. Doch die Geschichte hat ihren eigenen Rhythmus und ihre eigene Logik, die nicht immer denen der Historiker entsprechen.

Die Menschen sind spontan auf die Straße geströmt, entschlossen, bis zum Ende durchzuhalten, ohne die Befehle irgendeiner Führungsfigur, eines Parteiverantwortlichen oder gar religiösen Oberhaupts zu befolgen. Der Sieg ist errungen: eine natürliche Revolution, die von alleine vom Baum gefallen ist wie eine reife Frucht an einem Wintertag. Ihr Fall hat andere Früchte mitgerissen, und die Bäume haben zu tanzen begonnen wie zu einem glückbringenden Fest.

Niemand kann diese Bewegung vereinnahmen, deren Druckwelle bis nach China durchgedrungen ist und die wahrscheinlich auch nicht vor den kränkelnden multikulturellen Vororten europäischer Großstädte Halt machen wird.

In erster Linie bedeutet diese Bewegung die Niederlage des Islamismus. Die islamistischen Aktivisten wurden vom Ausmaß der Proteste überrumpelt und waren größtenteils nicht vertreten. Neue Werte, die eigentlich alte Werte sind, haben das Terrain der arabischen Protestbewegung erobert: Freiheit, Würde, Gerechtigkeit, Gleichheit. Das islamistische Softwarepaket – wie es einige nennen – hat den Anschluss verpasst. Facebook, Twitter, Internet und neue Vorstellungswelten haben den einschläfernden, anachronistischen und stumpfsinnigen Diskurs des Islamismus hinweggefegt, der zu seiner Verbreitung auf das Irrationale und einen neurotischen Fanatismus setzte.

Bei den großen Demonstrationen hat es an keiner Stelle eine Parole gegen die anderen gegeben: die Ausländer, die Europäer oder Israelis. Diesmal haben die Araber ihr Schicksal in die eigene Hand genommen und beschlossen, den Zug der Moderne zu besteigen, ohne sich hinter einem Alibi zu verstecken oder Schuldgefühle an den Rest der Welt zu verteilen. Was sie aus dieser neu entdeckten Würde machen, ist ihre Sache. Sie werden improvisieren und wahrscheinlich Fehler machen, doch sie wissen, dass sie nie wieder unter dem Joch eines aufgeklärten oder finsteren, lächerlichen oder grausamen Diktators leben werden. Wir sollten uns aber keinerlei Illusionen hingeben: Die Regime in den verschiedenen arabischen Ländern werden alles tun, um diese Befreiungswelle aufzuhalten.

Diese Revolte erreicht nach und nach den Status einer Revolution, sie weitet sich auf immer mehr Länder aus, und vor allem ist sie zuerst und insbesondere ethisch und moralisch.

Paris, März 2011

I FEBRUAR 2011

Im Kopf von Mubarak

In letzter Zeit ist Husni Mubarak verdrossen: Er hat keine Zeit gehabt, sich die Haare zu färben. Er treibt keinen Sport mehr, um fit zu bleiben. Es ärgert ihn sehr, dass sein Volk darauf besteht, ihn von der Macht und sogar aus Ägypten zu vertreiben. Doch er klammert sich fest. Er will die Macht nicht abgeben. Um ihn herum stürzt alles ein. Nichts funktioniert mehr. Er versinkt in wirbelndem Treibsand. Er streckt die Hand aus, doch niemand ergreift sie. Der Wind hat sein Haar verweht. Er denkt an jenen Oktobermorgen 1981, als die Islamisten anlässlich der traditionellen Militärparade in die Menge schossen. Eine Kugel hatte ihn gestreift und seine blaue Generalsweste zerfetzt, ohne ihn zu verletzen. Anwar as-Sadat liegt tot am Boden. Panik und Chaos setzen ein. Warum denkt er an jenen Augenblick, als die Ermordung seines Chefs ihn zum neuen ägyptischen Staatsoberhaupt katapultiert hat? Dreißig Jahre sind vergangen, und ihm gegenüber agiert nun nicht mehr ein in die Menge schießendes Kommando, sondern ein friedlich protestierendes Volk, das ihn nicht mehr will. Er kann nicht mehr, so einfach ist das. Er nimmt es ihnen nicht einmal übel, schaut sein Spiegelbild an und würde am liebsten in Tränen ausbrechen. Doch er ist nicht der Typ, der heult, weil Gegenwind aufkommt. Ein paar Kilo hat er abgenommen, er ist blass, hat keinen Appetit mehr. Seine Frau Suzanne und der gemeinsame Sohn haben sich sicherheitshalber diskret nach London abgesetzt. Er selber kann seinen Palast nicht verlassen. Er weiß, wenn er sich auf die Straße wagt, wird ihn das Volk lynchen. Zu viele Ungerechtigkeiten, zu viele Verbrechen gehen auf sein Konto, als dass er ungestraft davonkommen könnte. Wie viele arabische Staatsoberhäupter hat er sein Land mit seinem Privatbesitz verwechselt. Für ihn untersteht Ägypten als Staat und Nation ihm ganz persönlich. Er kann damit machen, was er will. Viel Geld hat er angehäuft, so viel, dass es mehrere Leben bräuchte, um alles auszugeben, es wirklich zu genießen. Er hat Gott um ein langes Leben gebeten, darum, dass er ihm Gesundheit, Jugend und die absolute Macht verleihen möge. Es hat ein paar Jahre gedauert, bis er das System errichtet hatte, das ihn so lange an der Macht hielt: Er hat eine Partei gegründet (die Nationaldemokratische Partei), eine allgegenwärtige und seinem System völlig ergebene Polizei geschaffen, und schließlich hat er ein Korruptionssystem eingeführt, das ihn bereichert und das Land in die Armut treibt. Der Nachrichtendienst ist eine Kopie der Dienste der damaligen kommunistischen Staaten. Das alles gab es bereits vorher; er hat es nur seinen Bedürfnissen, seinem Appetit angepasst. Er hat Nasser und dann Sadat beobachtet und sich gesagt: »Warum sollte ich mir Zwang antun?«, auch wenn man betonen muss, dass Nasser den Staatsdienst sicher nicht für skrupellose Geschäfte missbrauchte. Mubarak hat den Notstand erklärt, sich ein Parlament nach Maß zusammengestellt, seine Leute an die Schaltstellen der Medien gesetzt, die Karte der islamistischen Gefahr zur Rechtfertigung von Repression, Verhaftungen und Folter gezückt. Er war den

US-Amerikanern und den Israelis ein guter Freund. Den westlichen Politikern, die Ägypten privat besuchten, war er immer ein großzügiger Gastgeber. Man erinnere sich nur an die Neujahrsferien von François Mitterrand in Luxor und an zahlreiche Reisen anderer europäischer Entscheidungsträger. Er unterhält sehr gute Beziehungen zu den meisten Golfstaaten.

Doch nun lässt ihn der elende Pöbel nicht einmal mehr sein Frühstück im Garten einnehmen, und vor allem hat er keine Lust mehr, sich die Haare zu färben. Jemand hat behauptet, das unterstreiche seine weibliche Seite. Diesen Witz hat er gar nicht lustig gefunden.

Zu Anfang seiner Regierungszeit machten »Noukats« (Witze) über ihn die Runde. Jeden Tag gab es einen neuen, und das ging ihm auf die Nerven, denn er hatte keinerlei Humor. Er beauftragte seinen Geheimdienst, den Mistkerl aufzuspüren, der ihn lächerlich machen wollte. Sehr schnell fanden sie einen armen Alten, der immer im selben einfachen kleinen Kaffeehaus von Chan al-Chalili anzutreffen war. Er wurde verhaftet und Mubarak vorgeführt. Als der ihn sah, konnte er nicht begreifen, wie dieser zahnlose elende Greis eine dem Image des Raïs gefährlich werdende Macht hatte entfalten können. Er beschloss, ihm Vorwürfe zu machen, denn zum Foltern schien er ihm zu alt:

– Wie denn? Du erzählst furchtbare Dinge über mich, der ich dieses Land aus dem Elend gerettet, dem undankbaren Volk Freiheit, Wohlstand und Demokratie beschert habe! Du lügst! Ich arbeite am allermeisten für das Wohl der Ägypter; ich schlafe nicht; ich denke nur darüber nach, wie ich das Leben meiner Bürger verbessern kann …

Der Alte unterbrach ihn und beteuerte:

– Aber Herr Präsident, bei meiner Ehre, diesen Witz habe ich ganz sicher niemals erzählt.

In Mubaraks Kopf leben zwei Spinnen, eine weiße und eine graue. Sie sind nicht mit dem Raïs einverstanden. Sie streiten sich und lösen unerträgliche Migräne aus. Er weiß nicht, wie ihm geschieht, ist unglücklich, sehr unglücklich. Er fühlt sich verraten, abgelehnt, verlassen und versteht nicht, was er Schlimmes getan haben soll, warum das Volk seinen Rücktritt fordert. Er ist überzeugt, er habe sein ganzes Leben für das Wohl der Bürger gewirkt, das Land und seine Grenzen auf internationaler Ebene verteidigt, er sei ein guter, mutiger, tapferer Soldat und ein Musterbürger gewesen.

Jetzt fällt ihm der Himmel auf den Kopf, und er begreift nicht mehr, wo er ist und was mit ihm los ist. Anfangs hatte er gedacht, das Volk werfe ihm seine engen Beziehungen zu Israel vor. Aber das war es ja nicht einmal. Die Leute riefen Parolen, in denen weder der US-Imperialismus, noch der israelische Kolonialismus, noch der Westen im Allgemeinen angegriffen wurden. Die Losungen waren einfach: Freiheit, Würde, Schluss mit der Erniedrigung, dem Verschwinden von Menschen, der Polizeiwillkür. Wie die Tunesier skandierten die Menschen das berüchtigte: »*Dégage*. Hau ab!« Eine Revolution mit einer französischsprachigen Parole, während Frankreich und seine Politiker ohnmächtig staunend zusahen.

Ein Opfer, Mubarak sieht sich als Opfer von unziemlicher Hast, Unordnung und Schlamassel. Und gerade hat er gemerkt, dass ihm niemand helfen wird. Die große Einsamkeit, das große Schweigen, die absolute Isolation drohen ihm. Das ist seine Perspektive. Dabei hat sich der Internationale Strafgerichtshof noch nicht geäußert.

Er ist wie ein Mann, den seine Frau verlassen hat, obwohl er sie sein ganzes Leben lang geliebt hat, und der nun entdeckt, dass alles nur Lüge und Betrug gewesen ist. Sein Intimleben wird öffentlich debattiert, seine Grausamkeit in Erinnerung gerufen, Tausende zu Tode gefolterter sowie spurlos verschwundener Ägypter werden zurück in sein Bewusstsein geholt. Die Spinnen verknäueln sich. Er hat entsetzliches Kopfweh. Er entdeckt zum ersten Mal den Schmerz und wundert sich.

Mehr denn je verachtet er das Volk. Er sagt sich: »Ohne mich werden die Ägypter nichts hinkriegen. Ich kenne sie. Sie sind faul, undiszipliniert, anspruchslos; man kann sie mühelos kaufen; sie werden das Land in eine wirtschaftliche, politische und soziale Sackgasse führen. Nach dem großen Fest und der überschwänglichen Freude werden sie die bittere Realität des Alltags wiederentdecken. Sicher kommen sie dann weinend und bettelnd zu mir. Ich werde sie in ihrer Scheiße ersticken lassen. Sie verdienen es nicht besser. Korruption ist ihre zweite Natur, sie können dem nicht widerstehen.

Jetzt kümmere ich mich erstmal um meine Migräne. Ich sehe überall Spinnen: Alles ist schwarz, ich sehe gar nichts mehr. Ich bin am Ende. Sterben so die großen Männer? Welche Schande, was für eine Niederlage! Ich will niemanden sehen. Meine Frau Suzanne hat viel für dieses Land getan. Sie hat ihre Zeit und Energie dazu verwandt, das gesellschaftliche Leben würdiger zu gestalten. Doch wir sind von undankbaren Menschen, von Hurensöhnen umringt; so ist es. Ich taumele … wenn ich nur nicht falle, niemand hilft mir; ich sehe die ewige Schönheit dieses Ortes; jetzt verstehe ich, warum so viele Touristen herkommen. Eins ist sicher: Ich werde hier sterben, nirgendwo anders.

Im Kopf von Ben Ali

Was tut unterdessen Ben Ali, der Tunesier, der am 14. Januar 2011 aus seinem Land geflüchtet ist? Er lebt in Saudi-Arabien im Exil. Ein Teil seines Vermögens steckt in europäischen Banken fest. Seine Immobilien (sowie die seiner Familie und der Familie seiner Frau) wurden in Frankreich aufgelistet und sind ebenfalls blockiert. Er muss beweisen, dass diese Besitztümer mit sauberem Geld, zum Beispiel seinem Gehalt, erworben wurden. Einer seiner Privatjets wird im Flughafen Le Bourget in Frankreich festgehalten.

Doch womit vertreibt er sich die Zeit? Er sieht fern. Lässt sich gehen. Auch er hat keine Lust mehr, sich die Haare zu färben. Er wird depressiv, er lebt in einem goldenen Käfig. Er kann nicht ausgehen, nicht mal einen Kaffee im nächstgelegenen Einkaufszentrum trinken. Ben Ali beklagt sein Schicksal. Er sieht den mit Bandagen umwickelten Leichnam von Mohamed Bouazizi und verflucht ihn. Doch er glaubt nicht mehr an Gott, denn der steht jetzt an der Seite der Armen, der Brüder und Schwestern von Mohamed Bouazizi:

»Nur weil dieser Idiot seinen Zorn nicht zügeln konnte und seine Kleider in Brand gesteckt hat, sitze ich, der ich den Tunesiern Wohlstand gebracht habe, heute alleine hier in meinem Palast, ohne Freunde, ohne Spielzeug, ohne alles. Und dann diese nervigen Fernsehjournalisten aus der ganzen Welt, die nur Lügen erzählen. Mein Kopf ist voller Bilder, auf denen nur *Fawda* (Chaos), Unordnung und Panik die Medien interessieren. Was für eine Revolution denn? Ein echtes Schlamassel, sie werden in diesem schönen Land alles kaputt machen; ich habe wenigstens Millionen von Touristen hergebracht, habe einen Mittelstand geschaffen, den Islamisten den Garaus gemacht, alles getan, um die westliche Welt zu beruhigen, aber jetzt wenden sich alle von mir ab. Die Menschen sind undankbar. Ich hasse die Menschheit. Ich hasse diesen Palast, diese alles beherrschende Klimaanlage, die Papiertaschentuchbehälter mit den vergoldeten Deckeln, ich hasse die gelblich weißen Landschaften, und das Essen hier mag ich auch nicht. Doch das ist mir eigentlich egal, ich habe keinen Hunger mehr, der Hurensohn Bouazizi hat mein Leben zerstört! Das Land hat das Chaos gewollt, nun, jetzt ist es bedient; sollen sie es genießen, denn sie werden es bis zur Neige auskosten müssen. Die Tunesier sind ein Volk von undankbaren Flegeln und Feiglingen; als sie mich um Posten oder Entscheidungen angebettelt haben, sind sie auf Knien gekrochen. Heute plustern sie sich auf! Armleuchter! Elende Versager! Mir so etwas anzutun, nach allem, was ich für dieses Land getan habe! Es hat ja lange gedauert, bis sie aufgewacht sind. Ein Volk von Eseln und Memmen ohne Rückgrat. Wenn das jüngste Gericht kommt, werden sie schon sehen, falls es Gott gibt …

Die Leute denken, als Staatsoberhaupt sei man aus Eisen, aus rostfreiem Stahl. Ich habe ein Herz, habe Gefühle, liebe Gärten und Rosensträuße, ich liebe das Leben und den Sonnenuntergang über La Marsa.

Bei der Geburt meiner Enkel habe ich vor Rührung geweint. Ja, ich, der Raïs, habe geweint. Heute habe ich keine Tränen mehr. In mir ist nur noch Wut, Hass. Ich habe schlecht gehandelt, wurde schlecht beraten. Ich hätte kämpfen müssen, wie es Gaddafi jetzt tut. Er ist verrückt, doch er legt die Waffen nicht nieder, er gibt nicht auf.

Er war zehn Jahre länger an der Macht als ich. Er hat noch mehr Reichtümer angehäuft als Mubarak und ich zusammen. Er bietet der ganzen Welt die Stirn. Sein Wahnsinn führt ihn zum Sieg. Auch wenn er so viele Libyer wie möglich tötet: Das zählt nicht. Das Einzige, was zählt, ist, die eigene Haut zu retten und nicht wie Saddam vor einem Gerichtshof zu landen. Nie werde ich die Bilder des in seinem Versteck, einem Erdloch, aufgespürten Saddam vergessen. Mitten in der Nacht aus dem Schlaf gerissen, Hände wühlen in seinem Haar, als suchten sie Läuse, andere überprüfen seine Zähne. Das ist Erniedrigung. Wir werden alle von diesen Bildern verfolgt. Nie hätte ich mir vorstellen können, abtreten und um Asyl betteln zu müssen. Wenigstens ist mir die demütigende Durchsuchung vor den laufenden Kameras von CNN und Al-Dschasira erspart geblieben. Unser Sturz wurde von der Sabotage und Propaganda einer Gruppe von Muslimbrüdern herbeigeführt, die Al-Dschasira sofort unter ihren Einfluss gebracht haben. Der Emir von Katar ist schlau, oder vielmehr ist es seine Frau Scheicha Mouza. Sie hatte die Idee, diesen Fernsehsender zu gründen. Sie hat uns umgebracht. Kein Wort über Katar. Aber über das kleinste Ereignis in den anderen arabischen Ländern wird wieder und wieder genauestens berichtet. Dort hat das Komplott seinen Anfang genommen. Wenn man lange genug wiederholt, dass dieser oder jener ein Diktator ist, glauben es die Leute am Ende. Allerdings muss man sagen, dass meine Schwiegersöhne, Söhne aus neureichen Familien, mir nicht gerade geholfen haben. Meine Frau war nicht mehr zu halten, sie wollte alles haben, alles kontrollieren. In Tunesien kenne ich keinen Mann, der seiner Frau widerstehen kann, wenn sie beschließt, dass sie alles haben muss. Ich weiß, wovon ich rede. Ich konnte ihr noch so oft sagen, sei vorsichtig, sag deinem Neffen, er soll es nicht übertreiben, eines Tages geht das schlecht aus ... Nein, wie ich selber dachte sie, dieser Zustand, in dem uns alles erlaubt war, werde ewig währen. Alles lief gut. Es herrschte Ruhe im Land. Die Polizeikommissariate arbeiteten diskret. Die ausländische Presse wurde nicht hineingelassen. Die Touristen waren begeistert von Djerba und Tozeur. Doch jetzt hat eine Bande von Ganoven, angefeuert von Arbeitslosen, Taugenichtsen und Tagedieben, das alles kaputt gemacht. Die alten Weisen sagen: »Den Araber musst du zermalmen, sonst zermalmt er dich.« Ich habe den Rat der Weisen nicht ausreichend befolgt.

Revolte? Revolution?

Dieser Frühling mitten im Winter ist international mit keinem Ereignis in der jüngeren Geschichte vergleichbar. Wenn überhaupt, erinnert er ein wenig an die Nelkenrevolution in Portugal (April 1974). Lange haben die arabischen Völker alles erduldet und sich mit ihrem Schicksal abgefunden. Von Zeit zu Zeit haben sich Einzelne aufgelehnt und wurden ermordet. Der Maghreb und der Maschrek hatten Folgendes gemeinsam: Der einzelne Mensch wurde nicht anerkannt. Es wurde alles getan, um zu verhindern, dass sich das Individuum als einmalige und einzigartige Einheit herausbildet. Die Französische Revolution hat den französischen Bürgern ermöglicht, zu Individuen mit Rechten und Pflichten zu werden. In der arabischen Welt sind der Klan, die ethnische Gruppe, die Familie anerkannt, nicht aber der einzelne Mensch. Doch der Einzelne hat heute eine Stimme und ist kein Untertan mehr, den man unterwerfen kann. Er ist eine Person, die ihre Meinung hat und sie unter anderem in freien Wahlen ohne Fälschungsmanöver ausdrückt. Das ist die Grundlage der Demokratie; es ist eine auf einem gesellschaftlichen Vertrag beruhende Kultur; man wählt jemanden, der das Volk eine bestimmte Zeit lang vertritt. Danach erneuert man seinen Posten oder wählt ihn ab.

Die Staatsoberhäupter in der arabischen Welt benehmen sich wie absolute Herrscher, sie halten sich mit gewaltsamen

Mitteln, mit Korruption, Lügen und Erpressung an der Macht. Baschar al-Assad ist der Nachfolger seines Vaters Hafiz al-Assad; Saif al-Islam ist der designierte Nachfolger seines Vaters Gaddafi nach dessen Tod (doch seit dem 20. Februar ist die Familie Gaddafi in äußerster Bedrängnis, sie wissen, dass sie sich nirgendwohin flüchten können und in Libyen sterben werden; unterdessen lässt diese psychisch sehr gestörte Familie mit schwerem Geschütz auf die Demonstranten schießen und ermordet täglich Hunderte Libyer). Mubarak hat versucht, seinen Sohn als Nachfolger durchzusetzen, doch die Januarrevolution hat all seine Pläne zunichtegemacht. Das Prinzip ist einfach: Sind sie erst einmal an der Macht, sehen sie sich auf ewig als Herrscher, ob das Volk das will oder nicht. Um die westliche Welt nicht zu sehr zu reizen, führen sie eine Art »formaler Demokratie« ein, nur eine Tünche, Sand, den sie den Beobachtern in die Augen streuen. Alles bleibt in ihrer Hand, und sie dulden keinerlei Protest oder Opposition. Außerdem sehen sie das Land als ihren Privatbesitz an, verfügen über seine Einkünfte, machen Geschäfte, bereichern sich und deponieren ihr Vermögen in Schweizer, US-amerikanischen oder europäischen Banken. Bei den Ereignissen im arabischen Frühling handelt es sich um moralische und ethische Protestbewegungen. Sie lehnen radikal und ohne Zugeständnisse Autoritarismus, Korruption und den Diebstahl staatlicher Güter ab; sie erheben sich gegen Nepotismus, Günstlingswirtschaft, Erniedrigung und illegitime Machtübernahme, die die Grundlage der Herrschaft all dieser Staatsoberhäupter ist, deren Verhalten stark an die Methoden der Mafia erinnert. Die Protestierenden wollen eine saubere Moral in Gesellschaften einführen, die so sehr ausgeplündert und erniedrigt worden sind.

Deswegen handelt es sich nicht um eine ideologische Revolution. Es gibt keine Führungspersönlichkeiten, keine Chefs, keine Parteien, die die Revolte tragen. Es sind Millionen gewöhnlicher Bürger, die auf die Straße geströmt sind, weil ihre Empörung zu groß wurde, weil sie nicht mehr anders konnten! Es ist eine Revolution neuen Typs: spontan und improvisiert. Die Geschichte wird Tag für Tag neu geschrieben, ungeplant, ohne Vorsatz, ohne Mauscheleien und Fälschungen. Es ist wie ein Gedicht, das dem Bauch des Dichters entspringt, diktiert vom Leben, das sich auflehnt und bessere Zeiten fordert.

Die europäischen Staatschefs tragen große Verantwortung für die Aufrechterhaltung jener unbeliebten autoritären Regime. Es gab zwei Vorwände für ihr Schweigen und ihre Tatenlosigkeit:

1. Sie dachten, Mubarak und Ben Ali seien beide Bollwerke gegen die Errichtung islamischer Republiken nach iranischem Muster.

2. Sie glaubten, wenn sie nicht auf die Einhaltung der Menschenrechte pochten, könnten sie weiterhin saftige Geschäfte mit den Machthabern machen.

In beiden Fällen irrten sie.

Die iranische Revolution war nur möglich, weil die schiitische Religion hierarchisch strukturiert ist (Imam, Mullah, Ajatollah usw.). Für Schiiten ist der Islam in jedem Fall politisch. Das hatte Chomeini bereits bei seiner Ankunft in Teheran verkündet. Ihre Revolution war von langer Hand vorbereitet worden – in Reaktion auf die barbarische Repression der politischen Polizei des Schah, der SAVAK. Es war eine organisierte Revolution, mit Verwaltung, Logistik und Plänen.

Der sunnitische Islam hingegen hat die religiöse Praxis nicht hierarchisch strukturiert. Im Koran steht, dass es im Islam keinen Priesterstand gibt. Weder Priester noch Rabbi noch Ajatollah. Auf der politischen Ebene gibt es in der arabischen Gesellschaft mehrere Strömungen, darunter auch den Islamismus. Der Islamismus ist nicht die einzige Strömung in Ägypten. Es gibt keinen Grund, warum die Islamisten an die Macht kommen sollten, es sei denn durch einen Militärputsch, was bedeuten würde, dass die ganze Armee islamistisch ist: eine absurde Vorstellung. Demokratie bedeutet Mehrparteiensystem, Vielfalt und mehrere Meinungen, die sich in einer freien politischen Arena bekämpfen.

Was den zweiten Punkt betrifft: Die Europäer schließen die Augen überall, wo sie Geschäfte machen, ob in China, Libyen oder Algerien. Doch seit Barack Obama im Januar 2011 vor seinem chinesischen Staatsbesucher die Achtung der Menschenrechte angesprochen hat, dürfen Geschäfte nicht mehr Vorrang vor Menschenrechten haben. Ein Mantel aus Scheinheiligkeit und Gefälligkeit umhüllt leider immer noch diesen ganzen Bereich.

Die Öffentlichkeit hat erfahren, dass französische Minister Einladungen nach Tunesien und Ägypten angenommen und sich mit ihren guten Freunden, den Diktatoren, eingelassen haben, deren Gräueltaten einschließlich der Folter und des Verschwindens von Oppositionellen sie kannten. Diese Revolutionen werden zumindest einen Vorteil haben: Nichts wird mehr so sein wie vorher, weder in den Ländern selber, noch außerhalb. Die anderen arabischen Länder, in denen die Voraussetzungen für Bewegungen und Aufstände dieser Art herrschen, werden notgedrungen ihre Systeme reformieren und stärker auf die Einhaltung der Menschenrechte achten. Der Bürger wird nicht länger ein der Willkür eines ihn verachtenden Regimes ausgesetzter Untertan sein, er wird zum Individuum mit einem Namen, einer Stimme und allen Rechten.

Die europäischen Gesellschaften, die Tunesien, Ägypten und viele andere Länder gut kennen, müssen sich ihrerseits darauf gefasst machen, dass ihre vernachlässigte, nicht anerkannte, in den Vororten sich selbst überlassene und mit mehr als 45 % Arbeitslosigkeit geschlagene Jugend im arabischen Freiheitswind einen Appell zum Aufstand sieht, diesmal mit dem Willen, bis zum Ziel vorzudringen. Verachtung und Rassismus sind am Ende immer kontraproduktiv.

TUNESIEN

Die tunesische Nationalhymne endet mit folgenden vier Zeilen des Dichters Abu al-Qasim asch-Schabbi:

> *Wenn eines Tages das Volk sich zum Leben entschließt*
> *Dann muss das Schicksal sich beugen*
> *Die Finsternis muss weichen*
> *Und die Ketten werden gesprengt*

Die Demonstranten sangen diese Strophe, die ihre Großeltern 1957 während des Unabhängigkeitskampfs angestimmt hatten.

Ben Alis Regime war einer kolonialen Besatzung vergleichbar, es war illegitim und grausam. In über zwanzig Jahren hat Ben Ali Netzwerke und Strukturen geschaffen, die das Land zu seinem Privatbesitz gemacht haben. Unter dem Vorwand, das Land vor der islamistischen Gefahr abzuschirmen, konnte er sich alles erlauben, und zwar unter den wohlwollenden und ermutigenden Blicken der europäischen Staaten.

In Zeiten von Revolution und Widerstand finden Dichter besonders starke schöpferische Inspiration. Nach Tunesien, das gerade eine neue Form des Zusammenlebens und -arbeitens einführt, hat nun Ägypten alle Vorstellungen umgeworfen, welche die arabische Welt als Hort der Verdammnis sehen, der von Diktaturen und Rückschritt geprägt ist. Einige arabische Autoren jedoch haben diesen Fluch ihr ganzes Leben lang angeprangert. Dichter sind sicher Visionäre, keine Hellseher, aber Menschen, die sehr empfänglich sind für notwendige Veränderungen. Die Diktatoren täten gut daran, die Werke der Dichter zu lesen. Doch im Grunde verachten sie sie nur, bis dann der Widerstand des Volkes selbst zu einer Art Gedicht wird, wie wir es in den Straßen Tunesiens und dann Ägyptens erlebt haben.

Heute ist die Rede von einer Art riesiger Berliner Mauer, die in sich zusammenfällt. Ja, es fallen mehrere Mauern, mehrere Tabus, mehrere Blockaden. Man denke nur an die Dichter, die vor allen anderen das Richtige sahen und sagten: den Russen Wladimir Majakowski, den Türken Nazim Hikmet, den Palästinenser Mahmud Darwisch, den Iraker Shakir as-Sayyab, den Ägypter Mohamed Chawki und viele andere, die im letzten Jahrhundert ihre Stimmen erhoben, um das Unerträgliche auszusprechen, den lebensnotwendigen Bedarf an Freiheit und Gerechtigkeit einzufordern. Kein einziges autoritäres Regime hat seine Dichter und Künstler ernst genommen.

Ägypten ist das größte arabische Land. Lange Zeit war es der unentbehrliche Leuchtturm der arabischen Kultur und Zivilisation. Doch nach und nach, unter dem Druck der Militärs, durch die Wunden mehrerer Kriege gegen Israel, durch das Aufkommen eines rückschrittlichen Islamismus, ist dieses große Land zum Nährboden des Scheiterns und der Niederlagen geworden: Ein auf Korruption, Günstlingswirtschaft und Willkür aufgebautes Militär- und Polizeiregime hat sich mit Wissen und Unterstützung der USA, Israels und Europas eingerichtet. Weil Ägypten strategisch wichtig ist, hat es der Westen vorgezogen, das Regime zu unterstützen und es nicht zu kritisieren. Man hat den Machthabern alles durchgehen lassen, denn Ägypten war das einzige arabische Land, das Frieden mit Israel geschlossen hatte. (Sadats überraschende Reise 1977 nach Jerusalem war ein politisch äußerst mutiger Schritt, doch er wurde von den Israelis nicht in ausreichendem Maß anerkannt, denn sie haben niemals ernsthaft versucht, auch mit anderen arabischen Staaten und vor allem mit den Palästinensern einen wirklichen Frieden zu schließen.)

Den ägyptischen Schriftstellern, Filmemachern und Intellektuellen kann niemand vorwerfen, ihre Arbeit nicht getan zu haben: Immer wieder beschrieben und zeigten sie, was sich im ägyptischen Alltag abspielte. Die Romane von Sun'allah Ibrahim, von Ghitany, von Alaa al-Aswani, Chalid al-Chamissi haben allesamt Zeugnis abgelegt von ihrer Epoche und ihrer Gesellschaft in all ihren, auch den unerträglichsten, Aspekten.

Jeder wusste, was in den Polizeikommissariaten vor sich ging; wie in Tunesien beschrieb die internationale Presse auch hier die Repression, unter der die einfachen Leute litten, die Ausgestoßenen, die Vergessenen, die Unrecht über sich ergehen lassen mussten und sich weder öffentlich äußern noch verteidigen konnten. Bücher von Journalisten oder Aktivisten im Exil haben diese Diktaturen beschrieben, die in den Augen der westlichen Machthaber »sanft« daherkamen.

Wie alle Revolten wurden auch diese ausgelöst durch einen Zwischenfall, einen Zusammenstoß mit der Polizei, eine schreiende Ungerechtigkeit, einen unerträglichen Akt, den man als »Tropfen« bezeichnen könnte, der »das Fass zum Überlaufen brachte«. Doch im Fall Tunesiens wie auch Ägyptens waren bereits mehrere Fässer übergelaufen, sogar zerborsten, und auf dem Müll gelandet. Das wurde jedoch als normal angesehen, so lebt man eben in Entwicklungsländern, so stirbt man eben in Ländern, deren Stabilität und Sicherheit in den Augen des Westens und unter Missachtung der Bürger, ihrer Freiheiten und Rechte, garantiert sind. Alle einflussreichen Staaten hatten Ben Alis Machtübernahme unterstützt. Es war die Rede von einem »medizinischen Putsch«. Eines schönen Morgens, am 7. November 1987, erscheint der von Habib Bourguiba selbst zum Premierminister ernannte ehemalige Innenminister im Palast und reißt einen kranken Greis aus seinem Bett, um ihm zu verkünden, dass er jetzt nicht mehr Präsident ist. Am Vorabend hatte er im Innenministerium sieben Ärzte zusammengetrommelt und sie gezwungen, eine Urkunde zur »Regierungsunfähigkeit Bourguibas« zu unterzeichnen. Es geht das Gerücht, einer der Ärzte, der Bourguiba seit zwei Jahren nicht mehr gesehen hatte, habe sich geweigert, zu unterschreiben, und Ben Ali habe ihm gedroht: »Unterschreibe, du hast keine andere Wahl!« Zugleich hatte Ben Ali seine Leute bereits in den Ministerien platziert. Er setzte einen großen Mann ab und trat an seine Stelle, ohne Scham oder Zartgefühl. Vielleicht hätte Bourguiba ja von alleine zurücktreten sollen, weil sein Gesundheitszustand ihm nicht mehr erlaubte, zu regieren. Doch wer einmal an der Macht ist, handelt, als habe ein Virus ihn infiziert. Nur der ehemalige senegalesische Präsident Leopold Sedar Senghor gab seine Machtposition freiwillig auf, um sich dem Schreiben, Dichten und Lesen zu widmen. Doch es sind nicht alle Staatsoberhäupter Dichter.

Hier soll daran erinnert werden, dass Bourguiba ein großer Staatschef war, auch wenn er autoritär und ungerecht handelte, insbesondere gegen jede demokratische Opposition gegen seine Politik. Doch wir wollen uns vor allem an seine Tugenden und seine Kühnheit, sagen wir seine Modernität, erinnern. Er hatte

Frankreich in Verhandlungen die Unabhängigkeit seines Landes abgerungen. Sofort lenkte er Tunesien in Richtung einer modernen Gesellschaft, was zu jener Zeit in der arabischen Welt selten war. Zuerst veränderte er den Familienstatus. Tunesien war das erste und lange Zeit das einzige islamische und arabische Land, das den Frauen ihre Rechte zugestand: Die Polygamie wurde verboten, die Scheidung erlaubt, und die Abtreibung wurde legalisiert (lange Zeit vor der Legalisierung in Frankreich!). Das war revolutionär. Bourguiba war der einzige Staatsmann, der konkret die Trennung von Religion und Staat forderte: Während des Ramadan im März 1964 trat er im Fernsehen auf und trank live vor den Augen der verblüfften Zuschauer ein Glas Orangensaft. Er rechtfertigte diese Geste mit wirtschaftlichen Argumenten. Er konnte nicht dulden, dass die Wirtschaft des Landes einen ganzen Monat lang brachlag, weil die Arbeiter fasteten und keine Kraft und Energie aufbrachten, ihre Arbeit gut zu machen. Jahrzehntelang stand es den Tunesiern frei, zu fasten oder nicht. Kaffeehäuser und Restaurants waren geöffnet. Die Leute verzehrten in aller Ruhe, was sie wollten. Wer aber aus Glaubensgründen den Ramadan befolgte, wurde weder angegriffen noch belästigt.

Am 3. März 1965 hielt Bourguiba in Jericho eine visionäre Rede, die jedoch zu der Zeit niemand akzeptieren konnte. Er riet den Arabern, ihre »Beziehungen zum Staat Israel zu normalisieren«, mit der Begründung, »die Politik des Alles oder Nichts (habe) die Palästinenser nur in eine Niederlage geführt«. Damit brachte er alle arabischen Staatsoberhäupter gegen sich auf, insbesondere den Ägypter Nasser, dem er fanatischen Nationalismus vorwarf. Die Massen in den arabischen Ländern gingen auf die Straße, um gegen die Kapitulation »eines Verräters vor der heiligen Sache Palästinas« zu protestieren. Das hielt Bourguiba nicht davon ab, die UNO aufzufordern, »eine Föderation der arabischen Staaten der Region mit Israel zu schaffen«.

Zwei Jahre später, am 5. Juni 1967, erklärten die arabischen Staaten der Region Israel einen Krieg, den sie schmählich verloren. Seither wird diese Niederlage mit dem Begriff *Nakba* (Katastrophe) bezeichnet. Heute träumen die Palästinenser davon, ihre Gebiete von vor Juni 1967 wiederzubekommen. Doch Israel hat ihnen bisher keinen einzigen Quadratmeter ihres Territoriums zurückgegeben.

Bourguiba war ein laizistischer, gebildeter Mensch mit einer Vision. Sein autoritäres Temperament hat ihn von seinem Weg abgebracht, aber das ist noch lange kein Grund, dass ein mit einer Friseurin verheirateter Militär ihn absetzen kann wie ein altes Wrack, das nur noch den Untergang erwartet. Zu Beginn seiner Machtübernahme hat Ben Ali nicht alles verändert. Er hat Bourguibas Reformen weitergeführt, insbesondere im Bildungsbereich. Er berief den Menschenrechtler Mohamed Charfi zum Erziehungsminister, der die Schulbücher von islamistischer und fanatischer Ideologie befreien sollte. Mit einem Team von etwa fünfzig Lehrern leistete Charfi eine beachtenswerte Arbeit. Alle Schulbücher wurden im Geist der Aufklärung und einer kritischen Öffnung überarbeitet. Ben Ali hat ihn gewähren lassen. Nach vollbrachter Mission trat Charfi zurück und erlangte seine Freiheit wieder.

Ben Ali hatte diese Entscheidung in Hinblick auf den Kampf gegen den integristischen Islamismus getroffen. Dieser Kampf nahm jedoch sehr schnell den Charakter einer Hexenjagd mit willkürlichen Verhaftungen, Folter in den lokalen Polizeistationen und schlimmstmöglichen Haftbedingungen an.

Tunesien war ein sehr beliebtes Urlaubsziel. Das war sicher auch gut für das Volk, doch die Besucher sahen natürlich keinen der skandalösen Aspekte des Regimes, es sei denn sie waren kundige Journalisten oder Autoren mit scharfer Beobachtungsgabe. So ging es mir, als ich 2005 auf Einladung des französischen Kulturzentrums in Tunis zu den Schülern und Studenten der Sekundarschulen sprach. Ich wurde während meines ganzen Aufenthalts von Polizisten in Zivil beobachtet. Die Studenten stellten rein literarische Fragen, doch nach der Konferenz kamen sie zu mir und flüsterten mir ins Ohr. Ich habe diese Reise und die bleierne Stimmung gehasst. Unterdessen wurden Journalisten verhaftet, die dieses polizeifaschistische System zu kritisieren wagten. Der bekannteste von ihnen heißt Ben Brik. Die französischen Medien haben seine Notrufe verbreitet. Alle Welt wusste, dass in Ben Alis Land Folter an der Tagesordnung war und Oppositionelle spurlos verschwanden. Als es am 11. März 2001 ein Attentat auf die Synagoge von Djerba mit 21 Todesopfern gab, wurde schlagartig klar, dass Ben Ali zwar die Islamisten in seinem Land zum Schweigen gebracht hatte, dass es seiner Polizei jedoch nicht gelungen war, Al-Qaida an der Verübung eines blutigen Attentats zu hindern. Der Selbstmordattentäter kam aus einer nach Frankreich ausgewanderten Familie und hatte Verbindungen zu einem zum Islam übergetretenen Deutschen.

Unter dem Vorwand, die islamistische Gefahr zu bekämpfen, übte Ben Ali die Macht auf diktatorische Weise aus, verbreitete Angst und Schrecken im Land, verbot die internationale Presse und verfolgte alle Oppositionellen, auch die, die mit dem Islamismus nichts zu tun hatten. Kurz und gut: Der wirtschaftliche Aufschwung und die durch Repression erreichte

Stabilität machten aus Ben Ali ein sogenanntes »Bollwerk gegen den Islamismus«, wie es der Westen bezeichnete. So konnte Ben Ali drei Jahrzehnte lang unter den wohlwollenden und sogar ermutigenden Blicken des Westens sein Land zu einer Diktatur umformen, in der tunesische Bürger keinerlei Rechte hatten. Tunesien wurde zu seiner Privatsache. Seine Familie, im engen wie im weitesten Sinne, bediente sich schamlos und im Übermaß. Einer seiner Brüder wurde in Frankreich auf frischer Tat bei einem Drogendeal ertappt und dann von den französischen Behörden auf freien Fuß gesetzt. Er kehrte seelenruhig in seine vergoldeten Villen nach Tunis zurück. Unterdessen wurden tunesische Aktivisten verhaftet, junge Akademiker standen arbeitslos auf der Straße, und etliche von ihnen versuchten unter Lebensgefahr, sich illegal nach Europa durchzuschlagen. Die westlichen Regierungskreise waren angetan von Tunesien und seinem Präsidenten, der sich alle fünf Jahre mit Prozentzahlen um die 99 % wiederwählen ließ. Bei offiziellen Europabesuchen wurde Ben Ali beglückwünscht, gefeiert, als Beispiel vorgeführt, weil er angeblich »die Demokratie gut voranbrachte«. Man glaubte zu träumen. Als er sich nun jüngstens wie ein Dieb davonstahl (genauer gesagt als Dieb), gruben die Fernsehsender die Reden von Chirac, Sarkozy, Strauss-Kahn, Berlusconi und anderen zu dem Thema aus. Es war unglaublich, das, was diese Leute in Anwesenheit Ben Alis von sich gegeben hatten, mit dem zu vergleichen, was sie anlässlich der Flucht dieses Gauners stammelten. Aber das nennt man wohl »Realpolitik«.

Der Auslöser

Ich hatte noch nie von der kleinen Stadt Sidi Bouzid gehört.
Doch dort sollte alles seinen Anfang nehmen. Ein banaler Zwischenfall, alltäglich, doch so oft vorgefallen, dass er das Un-
umkehrbare auslöste.

Es war einmal ein achtundzwanzigjähriger junger Mann, ein
arbeitsloser Akademiker, der mit seiner Mutter, seinen Brüdern
und Schwestern zusammen wohnte. Zum Überleben hatte er
sich einen Verkaufsstand besorgt, eine Art Karren, auf dem man
Früchte und Gemüse zum Verkauf anbieten kann. Er war Straßenhändler. Man sieht sie überall auf den Straßen der nordafri-
kanischen Städte. Oft halten Autos in der zweiten Reihe an, um
noch in letzter Minute Früchte zum Nachtisch zu kaufen. Diese
Händler haben nicht genug Geld, sich einen Laden einzurichten. Sie sind arm und leben von der Hand in den Mund. Manchmal behindern ihre Stände den Verkehr, doch das nehmen alle
in Kauf. Wenn der Händler die »Gunst« des lokalen Polizisten
erwirbt, lässt der ihn in Ruhe seine Ware verkaufen. Manchmal
wird derselbe Polizist übereifrig und will seinem Chef zeigen,
dass er strikt ist: Dann muss der Händler den Platz wechseln. Es
gibt aber strategische Plätze, verkehrsreiche Plätze, die gut für
den Handel sind. Die muss man sich »kaufen«. Ein oder zwei
Geldscheine für den Polizisten müssen es schon sein. Dadurch
entsteht eine Beziehung von Herrscher zu Beherrschtem, wie sie

die kleine Mafia in den italienischen Stadtvierteln aufbaut. Du willst arbeiten? Dann musst du bezahlen! Wenn der Händler nicht pariert, wird sein Stand umgeworfen oder wegen »öffentlichen Ärgernisses« konfisziert.

Die Straßenhändler verdienen kaum etwas. Sie können mit Glück gerade mal ihre Kleinfamilie ernähren. Nie hat man einen Obst- und Gemüsehändler auf der Straße Reichtümer anhäufen sehen.

Mohamed Bouazizi war einer von all denen, die jeden Tag hart arbeiten, um ein Leben mit ein wenig Würde zu haben. Er bettelte aus Prinzip nicht, weigerte sich, mafiöse Kompromisse einzugehen, zu stehlen, und vermied insgesamt jede illegale Tat. Zugleich musste er zusehen, wie Ben Ali und seine Großfamilie, sowie die seiner Frau, das Land schamlos ausplünderten. Wie alle Bürger des Landes kannte er die Eskapaden der Schwiegersöhne, Brüder, Schwäger, Vettern und Freunde der Ben-Ali-Seilschaft. Sie strichen vor aller Augen Millionenbeträge ein und brüsteten sich sogar damit. Alle großen Geschäfte, alle großen Unternehmen, alle ausländischen Investitionen mussten die »Ben-Ali-Trabelsi-Regel« einhalten. Das System war bekannt, alle redeten darüber, fügten jedoch hinzu: »Wir verschließen die Augen davor, denn Tunesien hat den Islamisten den Garaus gemacht.« Ich erinnere mich sogar, wie manche braven Bürger aus Tunis, La Marsa, Sidi Bou Saïd, Hammamet damit prahlten, in einem Land »mit einwandfreier Sicherheit (zu leben): keine Einbrüche, keine Überfälle auf der Straße, die Polizei macht ihre Arbeit gut.« Diejenigen, die mit dem Regime kollaborierten, lebten in bemerkenswertem Komfort und Wohlstand. Sie waren Ben Ali dankbar, dass er die zur Verfügung stehenden Güter zu vermehren verstand.

Französische und italienische Politiker nannten Tunesien als Musterbeispiel in der arabisch-islamischen Welt. Ghannouchi, der Führer der Islamisten, lebte in London im Exil. Man hörte nichts mehr von ihm oder von seiner Bewegung an-Nahda. Der Islamismus war zu Grabe getragen worden. Doch als ich 2005 in Tunesien war, beklagten sich Schülerinnen mit leiser Stimme, sie könnten keinen Schleier über ihrem Haar tragen, ohne von der Polizei behelligt zu werden; sie waren keine Bomben legenden Fanatikerinnen, sie wollten nur ihre Religion ausüben, ohne dass man sie gleich als Widerständlerinnen gegen das autoritäre Ben-Ali-Regime verdächtigte.

Mohamed Bouazizi musste nach dem Tod seines Vaters, eines Landarbeiters, die Hochschule verlassen. Er musste nun das Überleben der ganzen Familie, sieben Personen, sichern. Er beschloss, einen Karren zu kaufen und auf der Straße Obst und Gemüse zu verkaufen. Aber er hatte keinen Gewerbeschein. Die Gemeindepolizisten bedrängten ihn. Er lehnte jegliche Art der Korruption ab. Dazu hatte er sowieso nicht genug Geld. Die Polizisten gaben nicht auf. Sobald sie ihn auftauchen sahen, verjagten sie ihn und drohten, ihm den Karren und die Waage abzunehmen. An jenem Morgen des 17. Dezember 2010 fällt er besonders bösartigen Polizisten in die Hände. Sie beschlagnahmen nicht nur sein Arbeitsgerät, sondern eine von beiden, eine Frau, ohrfeigt ihn, und ihr Kollege bespuckt ihn. Erniedrigung der schlimmsten Art. Er versucht seinen Karren zurückzubekommen, erklärt, dass er sieben Personen ernähren muss, dass er nichts Böses getan hat ... Die Polizisten werden noch aggressiver. Zwischen allen Beteiligten flammt unbändige Wut auf. Mohamed beschließt, sich an die Gemeinde zu wenden, doch dort will ihn niemand anhören. Er geht zum Büro des Gouverneurs. Alle ignorieren ihn, denn natürlich ahnt niemand, dass diese Erniedrigung eine Revolte und sogar eine Revolution mit unermesslichen Folgen auslösen wird.

Man kann seinen Ärger oft hinunterschlucken, man kann versuchen, Ruhe zu bewahren, sich sagen, dass es vom Schicksal so bestimmt ist, dass eines Tages die Sonne aufgehen wird und dass das Leben mehr ist als eine Anhäufung von Katastrophen. Man hofft weiter, betet, sieht zur Seite: die Schönheit der Bäume, der Flug eines Vogels, ein Schmetterling, der sich auf einem niederlässt, das Lächeln auf einem Kindergesicht, ein plötzliches Vertrauen in die Menschheit. Man sagt sich: Das geht vorbei, es ist nur eine schlimme Phase, Gott ist groß, und er wird seine Tore öffnen. Doch an jenem Tag stieß Mohameds Kopf gegen eine Wand aus Stahlbeton. Er sah keinen Ausweg mehr. Die Blicke der Passanten signalisierten keinerlei Unterstützung; keine ausgestreckte Hand, kein ermutigendes Wort, keine Gerechtigkeit. Mohamed steht für alle Bürger dieser Welt, denen die Geduld ausgeht. Vielleicht hätte er an Ayoub, Hiob, denken sollen und an die Geduld, die der aufbringen musste, um alle von Gott auferlegten Prüfungen zu überstehen. Doch er hat nicht daran gedacht. Hiob war weit weg. Alle Welt war weit weg. Um ihn herum war nur noch Leere. Er sah nicht einmal mehr seine Mutter oder seine Schwester Leila, die er sehr liebte. Er fühlte sich isoliert, verlassen. Gott hatte ihn verlassen. Das wusste er sicher. An diesem kalten Dezembermorgen sah er zum Himmel hoch. Niemand gab ihm ein Zeichen. Absolute Einsamkeit gepaart mit dem grausamen Gefühl eines unerträglichen Unrechts. Die Ohrfeige und dann das Anspucken. Das tat man nicht einmal einem Hund an. Seine Menschlichkeit war ausgelöscht worden, wie man Schminke von einem Gesicht abwischt. Er hatte kein Antlitz mehr, keinen Blick, keine Liebe zu sich selbst. Oder vielleicht bäumte sich gerade die Selbstliebe in ihm auf. Stolz und Demut. Zwei Tugenden, die zusammengehören und sich ergänzen. Er war seiner Würde beraubt worden, oder vielmehr hatten die Gemeindepolizisten sie zermalmt, unter ihren Schuhen zertreten. Er fragte sich, warum die Armen so ungeheuer gemein zu anderen, noch Ärmeren sind. Denn jene Polizisten sind arme Schlucker, sie leben von Korruption; sie sind servil, eilen herbei wie Sklaven, wenn der Gouverneur einen Kaffee wünscht oder seine Villa neu gestrichen werden muss. Sie gehorchen, reißen sich ein Bein aus, um ihren Vorgesetzten zu dienen. Sie senken den Kopf und den Blick vor jenen, denen sie ihren Posten verdanken. Das ist bekannt. Auf diese Weise in der Schuld von jemandem zu stehen, ist eine Form moderner Sklaverei. Deshalb sind sie übereifrig bei der Arbeit. Sie ergreifen Initiativen, sehen sich als Potentaten, kleine Potentaten zwar, aber immerhin. Sie erteilen mit der gleichen Arroganz und Brutalität Befehle, wie sie es von ihren Vorgesetzten kennen. Ein Straßenhändler ist da ein ideales Opfer. Man kann ihn verachten, man hat ihn in der Hand, man kann seinen Karren beschlagnahmen, er ist nicht einverstanden: Soll er doch verrecken. Ach ja: Soll er doch verrecken! Angeblich soll Ben Ali das gesagt haben, als man ihm berichtete, der Straßenhändler habe sich bei lebendigem Leib verbrannt. Es hat fünfzehn Tage und fünfzehn Nächte voll Schmerz und Leid gedauert, bis er dann verreckt ist. Er ist ganz und gar verreckt. Verreckt wie ein Hund, wie ein Nichts, wie ein Gespenst, anonym, wie ein Armer. Als Armer in Tunesien, Ägypten, Jemen und vielen anderen Ländern ist man von Anfang an dazu verdammt, wie ein Hund zu krepieren, sei es, weil einen ein Gemeindepolizist in den Selbstmord treibt, sei es, weil man krank wird, sich nicht behandeln lassen kann und aus Mangel an Medikamenten und Hilfe verreckt.

Mohamed Bouazizi hatte beschlossen, seinem Leben ein Ende zu bereiten. Doch wie kam er darauf, sich bei lebendigem Leib anzuzünden? Das entspricht in keiner Weise den Traditionen und Kulturen Nordafrikas und auch nicht dem Islam. Selbstmord ist im Islam in jedem Fall streng verboten. Wer Gott herausfordert, indem er freiwillig in den sicheren Tod geht, wird diese Geste auf ewig wiederholen müssen. Mohamed muss Bilder von Indern gesehen haben, die den Feuertod suchten, oder er hatte davon gehört. Diese Geste ist spektakulär: Sie ist ein direktes, eindeutiges Signal. Das Feuer verzehrt alles, lässt nichts zurück. Dieser Tod bereitet höllische Qualen. Er wird öffentlich vollzogen, in diesem Fall vor dem Sitz des Gouverneurs, vor der Verwaltung, die ihn nicht anhören wollte und ihm sein Recht verweigerte. Er wusste, dass er sein Arbeitsgerät endgültig verloren hatte, dass die Polizisten es ihm nicht zurückgeben würden, dass ihre Vorgesetzten sich nicht für ihn einsetzen und ihm nicht helfen würden. Er wusste, dass ein Armer in Tunesien schon allein deshalb verdammt ist, weil er arm ist. Daher sollte seine Verzweiflung in eine Geste münden, die die anderen vielleicht noch beeindrucken könnte, alle die, die gleichgültig gewesen waren oder ungerecht, die ungerührt ihrer Wege gegangen waren, weil das Schicksal eines Straßenhändlers niemanden interessierte.

Sich zu Hause erhängen? Das hätte ja nichts bewirkt.

Sich die Pulsadern aufschneiden? Auch nicht.

Sich mit Schlaftabletten vollstopfen? Die muss man sich erstmal leisten können, und das wäre ja auch ein stiller Selbstmord. Man würde am Ende noch sagen: Der Arme, er hat einen schönen Tod gehabt, im Schlaf von uns gegangen.

Nein, Mohamed will sterben und seinen Tod in eine für andere nützliche Geste umwandeln, nützlich für die Armen, nützlich für das Land. Vielleicht hat er nicht an das ganze Land gedacht, aber als er sich mit Benzin übergoss und ein Streichholz anzündete, muss er einen Moment gehabt haben, um an seine Mutter, seine Brüder und Schwestern, vielleicht an seinen Vater zu denken. Er hat bestimmt gedacht, es sei besser, sich auf den Weg zu seinem Vater zu machen, als erniedrigt, würdelos, ohne Geld auf der Erde zu leben, den Launen kleiner Fieslinge ausgesetzt zu sein, deren Gift ebenso verheerend ist wie das der großen.

Das Feuer hatte sofort gezündet. Er war bewegungslos stehen geblieben. Als Menschen herbeieilten, um ihn zu retten, war es bereits zu spät; das Feuer war schneller als ihre Hilfe; das Feuer tat seinen Dienst. Mohamed atmete noch, doch in einem verbrannten Körper, dessen Seele bereits den Duft des Paradieses erahnte oder auch die Flammen der Hölle.

Er wurde in das Krankenhaus von Sfax gebracht, dann in das Zentrum für schwere Verbrennungen in Ben Arous bei Tunis. Der Körper zersprang in Risse. Die Seele konnte nicht entweichen, die Asche behinderte sie, sie blieb gefangen in einem Körper, der kein Körper mehr war, nur ein Zeugnis dafür, was Erniedrigung anrichtet.

Er war in Bandagen gehüllt wie der unsichtbare Mann; man konnte nur hoffen, dass sich die Bandagen wie durch Magie vor unseren Augen, vor den Fernsehkameras auflösten und nach und nach ein dürrer, wie neuer Körper sichtbar würde, als habe ein Engel oder ein Gott Mitleid verspürt mit diesem armen Mann, der sein Leben für elf Millionen Bürger hingegeben hatte.

Am 27. Dezember demonstrierten die Einwohner von Sidi Bouzid. Das war der Anfang dessen, was später die »Jasminrevolution« genannt wurde.

Am nächsten Tag besuchte Ben Ali Mohamed Bouazizi im Krankenhaus. Groteske Bilder: Der Präsident gibt den gütigen Vater und verflucht dabei innerlich den armen Idioten, dessen Tat bereits Demonstrationen ausgelöst hat. Der Körper Mohameds sah aus wie eine Mumie und würde nicht mehr lange mitmachen. Am 4. Januar 2011 verschied Mohamed Bouazizi. Zehn Tage später gab Ben Alis Regime den Geist auf, der Präsident suchte wie ein echter Dieb das Weite, bettelte hier und da um Asyl und landete schließlich in Dschidda, einem islamischen Ort, der keinem Moslem die Gastfreundschaft verweigern kann. Dazu müsste man allerdings noch beweisen können, dass Ben Ali ein Moslem ist. Seine Frau und seine Familie waren zu diesem Zeitpunkt bereits in Dubai.

Mohamed Bouazizi ist so wider Willen zum Volkshelden geworden. Sein Opfer hat etwas genutzt. Das hat er sicherlich gehofft, doch niemand, auch er selbst nicht, konnte voraussehen, was geschehen würde. Es wurde tatsächlich Geschichte geschrieben. Nicht nur hat sich Tunesien in Ruhe und Würde erhoben (allein die brutale Polizeigewalt hat mehrere Dutzend Todesopfer und Hunderte Verletzte gefordert), sondern das seit 23 Jahren einer schweigenden Diktatur unterworfene Volk hat es auch geschafft, Ben Ali, seine Familie und seinen Klan von Geschäftemachern und Mafiosi zu verjagen.

Erst jetzt kommt das Ausmaß von Ben Alis Willkür ans Tageslicht. Die tunesische Zeitung *La Presse* vom 7. Februar 2011 berichtet, dass der Öffentlichkeit die wahren Zahlen zu Arbeitslosigkeit, Auswanderung, Schulabbrüchen usw. vorenthalten wurden. Für 2009, das Jahr, als Ben Ali mit einem zugleich lächerlichen und demütigenden Wahlergebnis wiedergewählt wurde, gibt es nun folgende Zahlen (wer behauptet, 98 % der Bürger hätten ihn gewählt, hat weder Achtung vor den Tunesiern noch vor sich selbst): Nur 24,7 % der Wähler sind zu den Urnen gegangen, um Ben Ali ihre Stimme zu geben, während zeitgleich in den Augen des Regimes bedeutende Leute eine Petition unterbreiteten, die den Präsidenten anflehte, sich 2014 wieder zur Wahl zu stellen! Die gleiche Zeitung gibt bei den Akademikern eine Arbeitslosenquote von 44,9 % an; für die Jugendlichen zwischen 18 und 29 Jahren beträgt die Arbeitslosenquote im Schnitt 29,8 %; mehr als 1,3 Millionen Jugendliche haben zwischen 2004 und 2009 die Schule abgebrochen. Schließlich bekennen 70 % der jungen Tunesier, dass sie alle Mittel einsetzen wollen, um auszuwandern.

Doch heute ist Tunesien zum Vorreiter für etwas ganz anderes geworden: Es ist wie eine Druckwelle, wie ein Virus: Ägypten ist als erste Nation dem tunesischen Beispiel gefolgt, dabei war dort der Herrscher, der Raïs, hartgesotten, viel grausamer und hartnäckiger als Ben Ali.

ÄGYPTEN

Das ägyptische Volk lebt seit dem Putsch der jungen Offiziere unter der Führung von Gamal Abdel Nasser im Jahr 1952 in einer Diktatur. Nach dem plötzlichen Tod von Nasser durch einen Herzinfarkt kam Anwar as-Sadat an die Macht. Er wurde im Oktober 1981 von einem Kommando der Muslimbrüder ermordet; Mubarak wurde sein Nachfolger.

Alexandria: Er hieß **Sayed Bilal**, 30 Jahre alt, verheiratet, seine Frau war schwanger; er war praktizierender Moslem, weder Aktivist noch Aufwiegler. Er arbeitete und lebte unauffällig. Die Familie wohnte in der Nähe des Bahnhofs Thahereyya. Am Abend des 5. Januar 2011 rief die Sicherheitspolizei an: »Finden Sie sich um 22 Uhr im Kommissariat ein; es geht um einen Fall, in den Sie verwickelt sind; bringen Sie eine Decke mit, die könnten Sie brauchen.« Es war das Kommissariat im Distrikt Al-Raml. Als einfacher, armer, ganz normaler Bürger ist man in jenen Ländern nie erfreut, von der Polizei vorgeladen zu werden. Doch Sayed hatte sich nichts vorzuwerfen und fand sich zur angegebenen Zeit mit ruhigem Gewissen im Kommissariat ein. Niemand begleitete ihn. Er nahm ein Taxi und trat seine letzte Fahrt an. Doch das konnte er nicht wissen. Niemand konnte ahnen oder sich vorstellen, dass Sayed Bilal, der keine Vorstrafen hatte und noch nie mit der Polizei zu tun gehabt hatte, so etwas widerfahren könnte. Als gewöhnlicher Bürger, der noch nie Aufsehen erregt hat, kann man auch in Gefahr geraten. Das heißt nämlich, dass man allein ist. Es steht weder eine politische Partei noch eine Gewerkschaft noch eine Zeitung oder eine andere Institution hinter einem. Man ist eine ideale Beute für die Polizei. Es kann sich jedoch auch jeder mit so einem ganz normalen Bürger identifizieren.

Das Verhör beginnt mit den üblichen Fragen nach den Personalien. Sayed ist ruhig. Er wagt nicht einmal zu fragen, was ihm auf den Lippen brennt: Warum bin ich überhaupt hier? Was wird mir vorgeworfen? Was werdet ihr mit mir tun? Was habe ich denn getan? Er sagt nichts, antwortet nur auf die Fragen und wartet ab, wo das Verhör hinsteuert.

Plötzlich wird er in einen anderen Raum gebracht. Er wird herumgestoßen und in den Keller verfrachtet. Dort ist es schalldicht, ein Ort der Folter, aus dem nichts dringen kann. Die Polizei hat an alles gedacht. Die Nachbarn sollen nicht gestört werden. Kein Lärm, kein Skandal, denn manche Bürger schreien, wenn man sie zu heftig schlägt. Sie brüllen. Das tut den Folterern weh in den Ohren und könnte Risse in der schalldämpfenden Korkdichtung hervorrufen.

Sayed war noch nie in einen solchen Keller gebracht worden. Er hatte davon gehört, wusste, dass dort gefoltert wurde. Doch er hatte ja nichts verbrochen, weshalb man ihn misshandeln könnte. Sein vor einer Stunde noch lupenreines Gewissen macht Platz für leise Zweifel. In Gedanken lässt er die Ereignisse der letzten Tage vorbeiziehen. Er fragt sich, ob er jemanden getroffen hat, den er nicht hätte treffen dürfen. Vielleicht hat man mich mit einem Verschwörer gesehen, einem furchtbaren

Terroristen, der das Land in Chaos stürzen will. Aber nein, ich bin zur Schule gefahren, habe gearbeitet und bin dann sofort nach Hause. Meine Frau braucht mich, sie ist im siebten Monat schwanger, ich will nicht, dass sie sich zu viel auflädt; meine Eltern schauen oft vorbei, um uns zu helfen. Ich lege mein Leben in Gottes Hand. Ach, vielleicht ist es das, was sie stört! Gott! Vielleicht misstrauen sie all jenen, die seine Größe preisen.

– Wo warst du letzten Samstag gegen Mitternacht?

– Ich lag zu Hause im Bett.

Eine erste Ohrfeige. Die Frage wird wiederholt. Dann behaupten sie, man habe ihn in der Nähe der Kirche der Beiden Heiligen gesehen, wo sich in der Nacht des 31. Dezember ein Mann in die Luft gejagt und 23 Menschen getötet sowie 90 verwundet hat.

Natürlich hat er von dieser Tragödie gehört. Er antwortet nur, als Moslem töte er keinen Menschen.

Dann fängt die Folter an. Die Polizisten müssen ein Geständnis erzwingen, auch wenn nichts daran wahr ist. So lautet die Anweisung: Die Polizei braucht einen Schuldigen. Wenn Folter nicht ausreicht, muss der Schuldige eben erfunden werden. So verlief es im Fall Sayed Bilal. Er gab zu, Salafist zu sein und sich streng an die religiösen Vorgaben zu halten. Salafisten sind aber per se keine Terroristen, sie befolgen die göttlichen Befehle auf den Buchstaben genau, und im Koran steht nirgendwo geschrieben, dass man in einer Kirche während der Messe Bomben legen soll. Doch das wollte die Polizei nicht hören. Sayed sollte unbedingt gestehen. Er war ein strenggläubiger Moslem, ließ das Martyrium widerstandslos über sich ergehen und legte sein Schicksal in Gottes Hand. Wenn Gott ihn durch diese Prüfung zu sich berufen wollte, wenn es der Wille Allahs war, was konnte er da tun? Er gestand nichts, denn er hatte ja nichts getan und nichts zu gestehen. Die Folterer ließen nicht von ihm ab, unterzogen ihn jeder Stufe der Folter. Das hatten sie in der Polizeischule gelernt; die Älteren hatten sogar Praktika in der DDR absolviert. Foltern will gelernt sein. Die ägyptische Polizei hat oft auf diesem Gebiet geglänzt, und zwar schon zu Nassers Zeiten.

Sayed wurde für das Attentat des 31. Dezember verantwortlich gemacht. Er war unschuldig, aber das interessierte niemanden. Das Innenministerium brauchte Ergebnisse, wollte den Medien einen verhafteten Terroristen vorführen. Der Polizeichef von Al-Raml übte Druck auf seine Folterer aus. Doch es nützte nichts: Trotz aller erlittenen Qualen, trotz der ausgeklügelten Foltermethoden gestand Sayed Bilal nichts. Er hatte einfach nichts zu gestehen. Er starb an Herzversagen, sein Körper war übersät mit blauen Flecken, Blutergüssen, Spuren von Schlägen und Folter. Die Nacht war für alle Beteiligten sehr lang. Für den armen Sayed Bilal, für die Folterer, die erschöpft vom Foltern waren und nach Hause zu ihren Frauen und Kindern wollten. Sie war auch lang für den Verantwortlichen des Distrikts, der seinen Vorgesetzten keine gute Nachricht melden konnte. Ebenso für den Minister, der am nächsten Tag seiner Regierung Bericht erstatten und zugeben musste, dass der Verdächtige unter der Folter gestorben war.

Am Abend des 6. Januar 2011, einem Donnerstag, wurde der Leichnam vor dem städtischen Krankenhaus deponiert. Die Polizei beobachtete das Geschehen. Einer der Krankenpfleger sah die Leiche, ließ sie in das Krankenhaus bringen, fand die Papiere des Verstorbenen und informierte die Familie. Unterdessen verhaftete die Polizei, noch bevor die Familie eintraf, Sayed Bilals

Bruder Ibrahim. Sie wollten verhindern, dass er redete. Die Angehörigen trafen ein, identifizierten die Leiche und fotografierten die Folterspuren. Inmitten ihres Wehklagens beschlossen sie, Anzeige zu erstatten. Da schaltete sich die Polizei ein, teilte ihnen mit, dass sie Ibrahim in ihrer Gewalt habe und dass sie, wenn sie nicht wollten, dass er das gleiche Schicksal erlitt, Ruhe geben sollten.

Den Angehörigen blieben nur Tränen und Gebete. Doch die Polizei befahl ihnen, den Sohn in der gleichen Nacht zu Grabe zu tragen. Auf keinen Fall sollte das am Freitag, dem Tag des großen Gebets, geschehen. Die Familie versuchte zu verhandeln. Nichts zu machen, Ibrahim war in den Händen der Polizei. Die Angehörigen wussten, dass man auch ihn ohne mit der Wimper zu zucken töten würde. Sayed Bilal wurde kurz vor Mitternacht begraben.

Ein anderes Beispiel.

Aiman Nur. Er wurde am 5. Dezember 1964 in Mansura geboren. Ein Abgeordneter und Rechtsanwalt. Menschenrechtsverteidiger und 2004 Gründer der Partei Al-Ghad (der Morgen). Er war ein liberaler Demokrat und forderte eine Verfassungsänderung, die die Macht von Präsident Mubarak begrenzen und die Präsidentschaftswahlen für mehrere Kandidaten zugänglich machen sollte.

Er wagte es, gegen Mubarak anzutreten. Ein Skandal! Das war eine Präsidentenbeleidigung, unzumutbar für den, der sich für den Pharao Ägyptens hielt. Mubarak war durch Zufall an die Macht gelangt, doch er ertrug nicht den geringsten Widerspruch und schon gar nicht einen Oppositionellen, der das Risiko eingehen wollte, ihm seinen Platz streitig zu machen.

Was tat die Polizei?

Zuerst wurde Aiman Nur die parlamentarische Immunität aberkannt. Mit welchen Argumenten? Ganz einfach: Wenn keine Fakten da sind, erfindet man sie eben. Nur wurde vorgeworfen, die Vollmachten zur Gründung seiner Partei gefälscht zu haben. Danach entzog man ihm die Erlaubnis, als Rechtsanwalt zu arbeiten. Wohin er sich auch wandte, stieß er auf Probleme. Sein Leben wurde zur Hölle. Er hatte keine Arbeit mehr und auch kein Mandat. Manche Freunde gingen ihm aus dem Weg. Ihm blieb nichts mehr. Am 24. Dezember 2005 wurde er verhaftet und zu fünf Jahren Gefängnis verurteilt. Er war Diabetiker und auf Insulin angewiesen. Im Gefängnis erpresste man ihn damit. Dann trat er in den Hungerstreik. Die nationale und internationale Presse wurde auf den Fall aufmerksam. Sogar George W. Bush erwähnte ihn im Juni 2006 als Dissidenten. Am 18. Februar 2009 wurde er aus gesundheitlichen Gründen entlassen.

Am 28. Januar 2011 war er einer von Tausenden Demonstranten. Er wurde durch einen dicken Stein am Kopf verletzt und in das Krankenhaus von Agouza gebracht.

Kifaya

Dieses arabische Wort kann man übersetzen mit: »Es reicht«, »Stop«, »Basta«, »Jetzt ist Schluss«, »Wir können nicht mehr«, »Wir haben die Schnauze voll«, »Das muss aufhören«.

Kifaya ist keine Partei im eigentlichen Sinn, es ist eine Bewegung, eine im Juli 2004 in Kairo gegründete zivilgesellschaftliche Organisation. Es ist eine laizistische demokratische Bewegung, die sich die Verteidigung der Menschenrechte auf die Fahnen geschrieben hat. Am 12. Dezember 2004 organisierte Kifaya eine große Demonstration, die eine demokratische Reform des politischen Systems einforderte. Dann rief die Bewegung zum Boykott der Wahlen vom 7. September 2005 auf. Das war eine Möglichkeit, der politischen Maskerade entgegenzutreten, in der Mubaraks Partei 90 % der 454 Sitze im Abgeordnetenhaus besetzte. Zudem waren nur vier Parteien zugelassen. Die NDP (Nationaldemokratische Partei) Mubaraks kontrollierte alles. Die drei anderen Parteien waren bloße Statisten.

Kifaya hatte folgende Parolen: Nieder mit der Armee! Nieder mit dem autoritären Regime! Schluss mit der Ausbeutung! Schluss mit den 5 Amtsperioden! Schluss mit dem Nepotismus! Schluss mit der Zensur! Schluss mit der Korruption! Schluss mit der Folter!

Am 12. Dezember 2006 wurden in 15 Städten im Land zu diesen Themen Großdemonstrationen organisiert.

Kifaya bekämpfte auch die israelische Politik der Besetzung von Palästinensergebieten sowie die mörderischen Angriffe gegen Palästinenser in Gaza und anderswo. Die Bewegung prangerte Israel als rassistischen Staat an und warf Mubarak sein Schweigen angesichts der Massaker der israelischen Armee an Palästinensern vor. Sie kritisierte Mubarak auch, weil er sich 2003 nicht gegen die Invasion der USA in den Irak gewandt hatte.

Am 4. Mai 2010 organisierten zwei der Anführer von Kifaya, Abd al-Aziz al-Husseini und Abd al-Halim Qandil, eine Pressekonferenz, bei der sie das Ende von Mubaraks Regime forderten und zum zivilen Widerstand aufriefen.

2005 erklärte Mubarak in Bezug auf Kifaya: »So fängt es immer an, durch vom Westen beeinflusste Jugendliche. Sie machen einen Aufstand, die *Fawda* (Chaos und Panik) nimmt überhand, aber sie sind unfähig, die Macht zu ergreifen, und die Muslimbrüder instrumentalisieren sie und sind am Ende die Gewinner.«

Die Ereignisse von Januar und Februar 2011 wurden von einer seit Jahrzehnten aktiven Oppositionsbewegung vorbereitet. Es ist kein Zufall, dass so viele Ägypter auf die Straße geströmt sind und sich ihre Wut auf dieses Regime und seine arrogante grausame Symbolfigur aus dem Leib gebrüllt haben.

Wir sollten jedoch eine achtundzwanzigjährige junge Frau würdigen, **Israa Abdel Fattah**, eine Bürgerrechtsaktivistin, und zwar eine, die das Internet und Facebook zu nutzen weiß. 2008 war sie eine der Mitbegründerinnen der Oppositionsbewegung des 6. April, und sie gehört der Demokratischen Ägyptischen

Akademie an, einer von der Friedrich-Naumann-Stiftung gefördeten Nichtregierungsorganisation.

Israa Abdel Fattah rief auf Facebook zum Demonstrieren auf, und eine Million Ägypter gingen auf die Straße, um Mubarak zum Rücktritt zu zwingen. Die junge Frau wurde zur Ikone einer ganzen Generation; die Polizei wurde auf sie aufmerksam und verhaftete sie unter einem fadenscheinigen Vorwand. Sie war zwei Wochen lang in Haft.

Innerhalb von drei Wochen haben Beobachter der Vereinten Nationen in Ägypten 300 Todesopfer gezählt. Viele sind am Anfang umgekommen, als die Polizei mit scharfer Munition in die Menge schoss, danach griffen auch Ganoven aus Mubaraks Partei die Demonstranten an und forderten etliche Menschenleben. Ich erwähne hier nur beispielhaft einige der 300 Personen, die für eine spontane Revolution ohne Führungsfiguren gestorben sind:

Ahmed Bassiouni, 31 Jahre alt, Professor für moderne Kunst, Vater zweier Kinder. Am Morgen des 28. Januar schrieb er auf Facebook: »Ich ziehe los, um meinem Land ein wenig Würde zurückzuerobern.« Als die Menschenmenge aus der Moschee strömte, wurde sie von der Polizei beschossen, ein Jeep der Armee raste in die Menge und überfuhr viele Menschen, darunter Ahmed.

Ahmed Anouar, 19 Jahre alt, Ingenieur, gebürtig aus Tanta im Nildelta, einziger Sohn seiner Eltern. Eine Kugel traf ihn mitten ins Herz.

Karim Banuna, 29 Jahre alt, Ingenieur. Eine Kugel traf ihn in den Kopf.

Islam Abdelkader, 22 Jahre alt, Student. Eine Kugel traf ihn in den Kopf.

Sali Zahran, 25 Jahre alt. Eine Eisenstange traf sie tödlich am Kopf.

Hunderte anderer Menschen gaben ihr Leben in jenen Tagen und Nächten, die das Gesicht und die Geschichte des größten arabischen Landes auf immer verändert haben.

Die Muslimbruderschaft

Diese Bewegung entstand 1928 nach dem Zusammenbruch des Osmanischen Reiches in Ägypten. Sie versteht sich als gewaltfrei. Ihre Ideologie kann in wenigen Parolen zusammengefasst werden: Renaissance des Islam, Kampf gegen Kolonialismus und westlichen Einfluss (der die Trennung von Religion und Staat in den arabischen Ländern verursacht haben soll); eine Ideologie, die dem saudischen Wahhabismus nahesteht. Doch sehr schnell entwickelte sich die Muslimbruderschaft zu einer politischen Opposition gegen den volkstümlichen Sozialismus, den Nasser in Ägypten einführen wollte. 1949 wurde einer der Gründer der Bewegung ermordet. 1957 verbot Nasser die Organisation. Er ließ Sayed Qutb verhaften, verurteilen und 1966 hinrichten. Qutb war einer der Vordenker der Bewegung, ein kultivierter Mann, der Frankreich und die USA bereist hatte. Ab diesem Zeitpunkt entwickelte die Muslimbruderschaft sich stetig weiter und konnte sich in den meisten arabischen Ländern etablieren. Der syrische Präsident Hafiz al-Assad ließ ihre Anhänger ohne mit der Wimper zu zucken liquidieren: Als er 1982 erfuhr, dass die Bruderschaft ihre Vollversammlung in der kleinen Stadt Hama abhalten wollte, ließ er sie dort zusammenkommen und gab dann der Armee den Befehl, die Stadt zu umzingeln und dem Erdboden gleichzumachen. Das Massaker forderte um die 25 000 Todesopfer. Niemand reagierte.

Auch wenn die Bruderschaft sich gewaltfrei gibt, wissen wir heute, dass der zweite Mann von Al-Qaida, Aiman az-Zawahiri, Mitglied war, bevor er ins Exil ging und einer der Anführer des internationalen Terrorismus wurde.

Auf der politischen Ebene ist die Muslimbruderschaft als Partei vom ägyptischen Regime nie anerkannt, aber seit Jahren toleriert worden. Im ägyptischen Parlament saßen 88 Abgeordnete (von 454), die zu dieser Bewegung gehören, auch wenn sie nicht offiziell in deren Namen agierten.

Am 6. Januar 2011 empfing der während der Demonstrationen zum Interimsverantwortlichen bestimmte ägyptische Vizepräsident eine Delegation der Muslimbruderschaft und verhandelte mit ihr offiziell über die Zukunft des Landes. Das war ein historisches Ereignis.

Ist die Muslimbruderschaft eine Gefahr für die ägyptische Republik und für die Region? Umfragen zufolge bekäme sie bei freien und transparenten Wahlen etwa 20 % der Sitze im Parlament. Auch wenn ihre Anhänger von einer islamischen Republik träumen, die Mehrheit des ägyptischen Volkes teilt diesen Traum nicht. Tausende von Demonstranten, die in keiner Weise von der Bruderschaft auf die Straße geschickt oder organisiert wurden, forderten das Ende des autoritären, korrumpierten Mubarakregimes, riefen nach Freiheit, wahrer Demokratie und dem Ende von Ausbeutung und Erniedrigung. Keine einzige Parole der Demonstranten bezog sich auf eine islamische Republik nach iranischem Muster.

Die Muslimbruderschaft ist Teil der politischen Landschaft Ägyptens. Man kann sie weder ignorieren, noch sollte man ihr zu viel Bedeutung zumessen. Sie kämpft für moralische und ethische Hygiene im Land. Sie setzt sich für Gerechtigkeit und die Wahrung der Menschenrechte ein. Ihre Kämpfe decken sich hierin mit denen der laizistischen Demonstranten. Ob sie jedoch jemals an die Macht kommen und eine islamische Republik errichten kann, steht auf einem anderen Blatt und ist sehr fraglich.

Der Schweizer Soziologe Patrick Haenni, Forscher am Institut Religioscop und Spezialist für die islamische Welt, erklärte in einem Gespräch mit der Tageszeitung *Libération* vom 8. Februar 2011: »Die Muslimbruderschaft kontrolliert die Reislamisierung der ägyptischen Gesellschaft keineswegs.« Anscheinend übt der von ihm so genannte »Islamismus light« einen stärkeren Einfluss aus: Der sei weder auf die Scharia noch auf einen islamischen Staat fixiert. Auf die Frage, welche Ergebnisse die Bruderschaft bei freien Wahlen erringen könne, antwortete er: »Manche Beobachter schätzen ihren Einfluss auf 25 bis 30 % der öffentlichen Meinung. Ich bin da skeptisch, denn diese Schätzungen berücksichtigen die neue Dynamik in einer postautoritären Gesellschaft nicht. Die Bruderschaft wird sich verändern und in mehrere Teile spalten. Ich glaube, die große Lehre aus diesen beiden Revolutionen, der tunesischen und jetzt der ägyptischen, ist das Auftauchen neuer Akteure mit neuem Politikverständnis, denen keine der traditionellen Gruppen, weder die Islamisten noch die anderen, gewachsen ist.«

Dieser Diagnose muss man hinzufügen, dass die Muslimbruderschaft die beiden Revolutionen keineswegs initiiert hat. Sie ist auf den Zug aufgesprungen und hat sich im Hintergrund gehalten. Das beweist, wie übertrieben die Ängste der Europäer waren, und vor allem, dass das tunesische wie das ägyptische Regime ihren Totalitarismus und die Notstandsregularien auf genau diese Ängste aufgebaut hatten, die von den Geheimdiensten und einem Teil der Presse geschickt geschürt wurden.

Die Muslimbruderschaft existiert, ist gut organisiert, aber sie deckt nicht die gesamte Gesellschaft ab und ist vor allem nicht bei den Jugendlichen verankert, die ihre Wut und ihre Aufrufe zur Revolte über die modernen Medien verbreiten. Diese Jugendlichen haben den Rücktritt Mubaraks und das Ende seines Regimes nicht etwa gefordert, um sie sogleich durch ein anderes autoritäres fanatisches Regime zu ersetzen, wie es die Islamisten vertreten. Beide Revolutionen hatten die Befreiung, die Freiheit, die Achtung des Menschen, seiner Rechte und Meinungen zum Ziel. Kurzum, sie strebten nach der Anerkennung des Einzelnen, ein Ziel, das bisher von allen Regimen der arabischen Welt hintertrieben wurde.

Ein anderer ägyptischer Beobachter, Khalil Enani, Professor an der Universität Durham in Großbritannien, sagt: »Diejenigen, die die Bewegung tragen, die Jugendlichen mit Internetanschluss, haben das Kapitel Islamismus hinter sich gelassen. Genau wie das Regime wird die Bruderschaft diese Revolution zu spüren bekommen. Bisher hat sie aufgrund der Verfolgung durch das Regime aufblühen können. Wenn ihre Anhänger keine Märtyrer mehr sind, verliert sie an Anziehungskraft« (*Libération*, 8. Februar 2011).

Das islamische Softwarepaket ist nunmehr voll und ganz überholt durch den Zorn des Volkes, das für Werte eintritt wie Freiheit, Anerkennung des Einzelnen, Demokratisierung des politischen Lebens, Wahrung der Menschenrechte, Ende der Willkür und des Polizeiterrors sowie gegen die Plünderung der natürlichen Ressourcen des Landes.

Die Islamisten haben nicht eine Demonstration zustande gebracht. Sie haben versucht, auf den Revolutionszug aufzuspringen, doch sie wissen, dass es eine neue Jugendbewegung gibt, die sich den Jugendlichen der ganzen Welt verbunden fühlt und die nicht auf die alte religiöse Leier anspricht. Eine neue Generation von Ägyptern, von denen viele als Kinder von Auswanderern in Europa, den USA und Australien gelebt haben, ist in die Heimat ihrer Eltern zurückgekehrt und will ein von rückständigem fanatischem Islamismus befreites Ägypten aufbauen.

Das Vermögen

Die britische Tageszeitung *The Guardian* vom 6. Februar 2011 zitiert Wirtschaftsexperten wie Christopher Davidson, Professor der Politikwissenschaften an der Universität Durham und auf den Nahen Osten spezialisiert, die Mubaraks Vermögen auf 70 Milliarden US-Dollar schätzen. Das Geld soll bei Schweizer und britischen Banken lagern. Dazu gehören auch Immobilien in London, New York und Los Angeles. Mubaraks beide Söhne verfügten über jeweils 8 und 17 Milliarden US-Dollar.

Das muss man nicht mehr kommentieren.

Die Ägypter sind für ihren Humor bekannt. Der neueste Witz über Mubarak: Er stirbt und kommt in die Hölle. Dort empfangen ihn die beiden ehemaligen ägyptischen Präsidenten Sadat und Nasser. Sie fragen: »Traf dich eine Kugel oder wurdest du vergiftet?« Mubarak antwortet: »Es war Facebook!«

ALGERIEN: ES WIRD LANG UND HART!

Von allen Ländern, die einen Regimewechsel anstreben, ist Algerien – sieht man einmal vom Sonderfall Libyen ab – dasjenige, dessen Machthaber den größten Widerstand leisten und ohne Zögern Blut vergießen werden. Das Land lebt seit der Unabhängigkeit 1962 unter einem Militärregime. Seit dieser Zeit ist die Armee an der Macht, sei es unter Houari Boumedienne, der 1965 durch einen Militärputsch an die Macht kam, sei es unter Chadli Bendjedid oder heute unter Abd al-Aziz Bouteflika, einem Zivilisten, der vormals Boumediennes Außenminister war, der aber unter der Fuchtel der Armee steht. Seine Aufgabe besteht darin, Befehle auszuführen. Der einzige Zivilist, der sich je weigerte, den Willen der Armee auszuführen, war Mohamed Boudiaf, der sechs Monate lang Staatspräsident war und dann im Juni 1992 bei einer öffentlichen Veranstaltung ermordet wurde. Algerien, das ist die Armee. Sie verfügt über eine einzigartige Legitimität vor dem Volk und der Weltöffentlichkeit. Ohne die Armee geht nichts. Sie hat alle Fäden in der Hand und agiert im Schatten; der Zivilist Bouteflika ist nur vorgeschoben. Er ist krank und hat seine politische Glaubwürdigkeit verloren, daher verkörpert er den Staat nicht mehr, obwohl das einige gehofft hatten, kurz nachdem er von seinem langen Schweizaufenthalt zurückgekehrt war.

Seit zwanzig Jahren lebt Algerien im Notstand, daher kann sich die Armee unter dem Vorwand, die Ordnung zu erhalten, alles erlauben. Mitte Februar 2011 wurde nun der Notstand aufgehoben: ein Beschwichtigungsversuch von Seiten der Armee ...

Bei den Demonstrationen gegen die steigenden Lebenshaltungskosten zwischen dem 6. und 9. Januar 2011 wurden fünf Menschen getötet und 800 verletzt.

Am Samstag, dem 12. Februar 2011, mobilisierte die Armee 30 000 Polizisten, um 2000 Algerier am Demonstrieren zu hindern. Hunderte wurden verhaftet, darunter auch vier Abgeordnete, und während der Auseinandersetzungen wurden Dutzende verletzt.

Zu der Demonstration aufgerufen hatte die Nationale Koordination für Wandel und Demokratie, eine Bewegung von unabhängigen Gewerkschaften, Oppositionsparteien und Zivilgesellschaftlern. Anlass waren unter anderem 25 Selbstverbrennungsversuche von Bürgern, die es nicht mehr aushielten, in einem Land zu leben, dessen unermessliche Reichtümer von einer Gruppe von Generälen beschlagnahmt werden und es so zu einem reichen Land mit armer Bevölkerung machen. Leider gelangen vier Selbstverbrennungsversuche:

13. Januar 2011: **Mohcen Bouterfif**, 37 Jahre alt, arbeitslos, Vater einer kleinen Tochter, verbrennt sich vor dem Bürgermeisteramt der Minenstadt Bou Khadra östlich von Tebessa.

H. Samir, 26 Jahre alt, Selbstverbrennung in Jijel, östlich von Algier.

Mohamed Aouicha, 41 Jahre alt, lebte in Bordj Menaël, östlich von Algier. Bei den Überschwemmungen von 2001 hatte er seine Wohnung verloren. Er reparierte notdürftig und verlor seine Bleibe erneut anlässlich des Erdbebens 2003. Seither wartete er darauf, dass ihm der Staat eine Wohnung zuwies. Anfang Januar 2011 erfuhr er, dass sein Antrag abgelehnt worden war. Er versuchte sich vor dem Sitz der Unterpräfektur zu verbrennen. Ein Freund rettete ihn in letzter Minute.

In der Nacht vom 16. auf den 17. Januar 2011 trieb die algerische Marine vor Annaba zwanzig illegale Emigranten auf, die sich nach Spanien durchschlagen wollten; die Flüchtlinge setzten ihr Boot in Brand; einige verbrannten, andere wurden nicht mehr aufgefunden. Ein Überlebender soll erklärt haben: »Selbst der Tod will nichts von mir wissen.«

Karim Bendim verbrannte sich vor dem Bürgermeisteramt von Dellys, 70 Kilometer östlich von Algier, selbst.

Alle, die sich durch Feuer umgebracht haben, taten es vor einem öffentlichen Verwaltungsgebäude: Präfektur, Bürgermeisteramt, Ministerium. Die Protestgeste ist klar: Ich opfere mich und prangere die Machthaber an, mich zu diesem meiner Religion und Kultur fremden Schritt getrieben zu haben. Das weltweit bekannteste historische Beispiel stammt von 1963, als ein vietnamesischer Mönch sich aus Protest gegen den Vietnamkrieg in Saigon öffentlich verbrannte.

Die Partei RCD (Vereinigung für Kultur und Demokratie) erklärte anlässlich dieser Ereignisse, die die Legitimität der weiterhin unerschütterlichen Machthaber in Frage stellen: »Nachdem sie die nationalen Ressourcen in die eigenen Taschen geleitet haben, lassen die Vertreter des Systems den Jugendlichen nur die Wahl, durch Hinrichtung oder Selbstmord zu sterben. Die Frage ist nicht mehr, ob das System verändert werden muss, sondern vielmehr, welches die geeignetsten Mittel und Wege für uns sind, der Heimat weiteres Elend und Chaos zu ersparen« (Erklärung laut der Webseite lesinrocks.com vom 28. Januar 2011).

Der Fall Algerien ist komplex: Die Folgen des Befreiungskrieges prägen das Land immer noch; die Beziehungen zu Frankreich sind kompliziert und spannungsreich; eine zahlenmäßig starke Gruppe von nach Frankreich Ausgewanderten schlägt sich mit Identitätsproblemen ihrer in Frankreich geborenen Kinder herum; die Beziehungen zwischen Algerien und Marokko sind sehr schlecht: Dieser Zwist dauert seit mehr als 35 Jahren an und beruht auf dem Streit um die Westsahara; Algerien unterstützt die Unabhängigkeitsbewegung Polisario und verweigert jegliche Verhandlungslösung. Die algerischen Grenzen sind für Marokkaner geschlossen, Marokko hat seine Grenzen geöffnet. Innerhalb der algerischen Armee wird ein tief sitzender Hass gegen Marokko gepflegt; offenbar hat man vergessen, dass die Marokkaner sie während des Befreiungskrieges unterstützt und ihnen als Rückzugsbasis gedient haben.

Die Algerier sind ein wunderbares, tapferes, geduldiges Volk, das gerne wieder brüderliche Beziehungen zu Marokko aufbauen würde, doch die Armee benutzt den Westsaharakonflikt, um im Süden eine stetige Spannung aufrechtzuerhalten und somit die Entwicklung beider Länder zu behindern. Dadurch bleibt die Union des Arabischen Maghreb (UMA) auch blockiert und kann nicht effektiv arbeiten.

Die Revolte wird lange dauern und schwierig werden. Mubarak und Ben Ali haben aufgegeben, weil ihre Armeen sie dazu gezwungen haben; in Algerien ist es aber die Armee selbst, gegen die protestiert wird, und sie wird nicht nachgeben, zumindest nicht so schnell wie in Ägypten oder Tunesien. Es sei denn, es finden sich innerhalb der Armee Offiziere, die sich der Protestbewegung anschließen. Dann kann es wie nach 1991 zu einem Bürgerkrieg kommen. Damals hat es mehr als hunderttausend Tote gegeben. Und der aus diesem Krieg entstandene Terrorismus führt auch heute immer wieder zu Attentaten gegen unschuldige Zivilisten.

JEMEN

Wenn man in der jemenitischen Hauptstadt Sanaa ankommt, merkt man sofort, dass man sich außerhalb von westlicher Zeit und westlichem Raum befindet. Man ist hier im Orient, weit, sehr weit entfernt von den mentalen und psychologischen Kategorien des Westens. Ich erinnere mich an den Schock, den ich meine ganze Reise über empfunden habe. Ich fühlte mich nicht wohl, sei es nur, weil jeder dort, selbst die Jugendlichen, bewaffnet ist, entweder mit einem Gewehr oder einem Dolch am Gürtel. Man kann verstehen, dass Arthur Rimbaud seinen Aufenthalt im Jemen als radikalen und idealen Ausbruch aus dem französischen Trübsinn erlebte und sich in Waffenschmuggel und andere Abenteuer stürzte.

Es geht das Gerücht, der Prophet Mohamed sei im 20. Jahrhundert auf die Erde zurückgekehrt, um sich den Zustand der arabischen Welt anzusehen. Saudi-Arabien als Hüter der heiligen Stätten des Islam und unmittelbarer Nachbar Jemens schlug dem Propheten vor, sich das Ganze aus dem Flugzeug anzusehen. Er zeigte sich erstaunt über die sichtbaren Veränderungen in den Golfstaaten. Er erkannte nichts aus dem 7. Jahrhundert wieder. Das einzige Land, das er mühelos wiedererkannte, war Jemen. Dort hatte sich nichts verändert, kein Stein hatte sich bewegt. Diese Anekdote erzählen Jemeniten, um die Touristen

zu amüsieren, sie zeigt deutlich, dass sich das Land nicht weiter-
entwickelt hat und in der Epoche des entstehenden Islam stecken geblieben ist.

Präsident Ali Abdullah Salih, dessen Rücktritt die dortigen Demonstranten fordern, weiß gar nicht, wie ihm geschieht. Wenn
man die Jahre als Regierungschef Nordjemens mitzählt, ist er
seit 32 Jahren an der Macht und findet das völlig normal.

Jemen wurde oft von Unruhen zwischen dem Norden und
den Süden erschüttert, Al-Qaida hat sich dort etablieren können, Jemen hat ein ganz besonderes Verhältnis zur Zeit. Jeden
Tag hält um die Mittagszeit alles inne. Das muss man gesehen
haben, sonst glaubt man es nicht. Dabei war ich vorgewarnt
worden: Die Männer stürzen auf den Markt und kaufen ihre täg-
liche »Dosis« Qat, ein grünes wie Minze aussehendes Kraut, das
sie dann bis abends kauen. Sie kauen, bis sich eine Kugel bildet,
die sie im Mund behalten, so dass eine der beiden Wangen eine
Ausbuchtung hat. Sie kauen, spucken und behalten den Großteil im Mund. 96 % der Männer und 70 % der Frauen kauen.
Unterdessen arbeiten sie kaum. Vielmehr wabert ihr Geist durch
die Schwaden des halluzinogenen Krautes. Qat verursacht auch
Probleme am Herzen und an den Zähnen. 80 % der Wasserres-
sourcen werden für den Anbau von Qat verwendet, auf Kosten
des Anbaus von Kaffee und anderen Produkten. Man kann sich
nur schwer vorstellen, dass sich ein Volk gegen ein politisches
System auflehnt, das den Drogenkonsum fördert und damit die
mentalen Fähigkeiten und die Energien der Menschen reduziert.

Zu Saudi-Arabien pflegen die Jemeniten ein gespanntes Verhältnis: Sie stellen die große Masse von Einwanderern, die dort die

lästigsten Arbeiten verrichten. Gebürtige Saudis machen sich die Hände nicht schmutzig.

Zudem ist in Vergessenheit geraten, dass der ägyptische Raïs Gamal Abdel Nasser den Jemeniten 1962 einen unnützen, stupiden Krieg aufzwang, weil er territoriale Ansprüche auf das Land erhob. Dieser Krieg forderte Tausende Todesopfer, und heute kann sich keiner mehr an die Ursachen erinnern, die Nasser zu diesem verbrecherischen, sinnlosen Abenteuer bewegt hatten.

Zwischen dem stark islamisierten sunnitischen Nordjemen und dem jüdisch-christlich geprägten Südjemen brachen mehrere Kriege aus, selbst nach der offiziellen Vereinigung am 22. Mai 1990. Das Land ist nicht länger geteilt. Es wird vom ehemaligen Präsidenten des Nordens, Ali Abdullah Salih, regiert.

Dieses Volk ist nun aufgewacht und kämpft im arabischen Frühling 2011 um Freiheit und Demokratie. Es will einen sich neurotisch an seine Macht klammernden Präsidenten zum Rücktritt bewegen. Das Mandat Salihs läuft 2013 aus, doch Anhänger seiner Präsidentschaft wollen die Verfassung ändern, damit er sich noch für mehrere Mandate wählen lassen kann. Am 2. Februar 2011 folgte Salih zumindest teilweise dem Beispiel Mubaraks und erklärte zur Beschwichtigung der Demonstranten, er werde bei den nächsten Wahlen nicht mehr kandidieren.

Jemen ist ein sehr armes Land, doch die Jugend ist gebildet, und wie in Tunesien und Ägypten nutzt sie das Internet und die neuen Informationstechnologien meisterlich.

Selbst wenn der jetzige Präsident begonnen hat, Kompromisse zu machen, um die Opposition zu beschwichtigen, wird er den Forderungen der Jugend nicht nachkommen können, die genauso nach Freiheit und Würde lechzt wie die der Länder, in denen es bereits eine Revolution gegeben hat.

Doch wie alle Diktatoren, deren Legitimität stark in Frage gestellt wird, weicht Ali Abdullah Salih nicht zurück und zögert nicht, mit scharfer Munition auf die Demonstranten schießen zu lassen, wie zum Beispiel am 18. März 2011, als die Mörder der Todesschwadron, Söldner im Dienst des Diktators, ein Massaker verübten: 51 Tote und mehrere Hundert Verletzte. Ali Abdullah Salih hat daraufhin den Notstand ausgerufen und die schwerwiegenden Vorfälle heruntergespielt.

Am gleichen Tag gab es Demonstrationen in vier syrischen Städten, was unerhört ist, in diesem schon immer von einer allgegenwärtigen grausamen Polizei unterjochten Land. Das Ergebnis: 4 Tote und Dutzende Verletzter. Auch das Regime von Baschar al-Assad wird bei steigendem Protest nicht zögern, wenn nötig alle Bürger abzuschlachten, um nicht abtreten zu müssen.

Seit mehr als einem halben Jahrhundert ist die gesamte arabische Welt Diktaturen, Einparteiensystemen, der Unterdrückung jeglicher Freiheitsregung ausgesetzt. Die Liste der durch bewaffnete Coups und dann durch Beerbung des eigenen Vaters an die Macht gekommenen Staatsoberhäupter ist lang. So ist es auch in Syrien, wo die mit sowjetischer Unterstützung in der DDR ausgebildete Polizei eine wesentliche Stütze des Regimes ist.

Dieser Fluch hat bereits zu lange gedauert, und es wird Zeit, alle Diktatoren zu stürzen, zu verhaften und vor einen internationalen Gerichtshof zu stellen, selbstverständlich in Absprache mit den Gerichten der verschiedenen Staaten, die sich vorher der ihren Diktatoren hörigen Richter entledigen müssen.

MAROKKO

Als die tunesische Revolution Ben Ali in die Flucht trieb und es in Algerien zu Demonstrationen kam, blickten die Medien nach Marokko und spekulierten über eine mögliche Ansteckungsgefahr. Hätte Marokko noch unter dem Joch Hassans II. gelitten, lebten wir noch in der »bleiernen Zeit«, das marokkanische Volk hätte ohne zu zögern den Weg der Revolution eingeschlagen. Doch mit der Machtübernahme von Mohamed VI. im Juli 1999 ist Marokko in eine neue Ära eingetreten, in der vieles anders geworden ist. Eine der ersten Entscheidungen des neuen Königs war, die Repression unter seinem Vater zur Sprache zu bringen und eine Kommission zur Anhörung der Opfer von willkürlichen Verhaftungen, Folter usw. einzurichten. Bisher wurden 29 000 Vorfälle von dieser Kommission öffentlich untersucht, und ein Teil der Opfer wurde vom Staat entschädigt. »Nie wieder!« Das war die Botschaft des Königs. In der Tat gibt es in den Kommissariaten keine Folter mehr, keine willkürlichen Verhaftungen, keine politischen Gefangenen. Es ist nicht auszuschließen, dass hier und da übereifrige Polizisten sich Übergriffe erlauben. Man muss nur die Berichte von Amnesty International und Human Rights Watch studieren sowie die der regierungsunabhängigen marokkanischen Liga für Menschenrechte. Der Kampf gegen den Terrorismus wird unerbittlich geführt. Personen, die unter dem Verdacht stehen, Gruppen anzugehören, die Attentate auf marokkanischem Boden ausführen, werden schonungslosen Verhören unterzogen, ohne Beachtung ihrer Rechte, unter anderem der Unschuldsvermutung.

Die Presse hat eine gewisse Freiheit zurückerlangt. Ich sage eine gewisse Freiheit, denn es gibt weiterhin Tabuthemen: das Privatleben des Königs und seiner Familie, den Islam sowie alles, was die territoriale Integrität des Landes, insbesondere in der Sahara, berührt. Was den Rest betrifft, so schreiben die Journalisten, was sie wollen, und wenn es zu Verleumdungen kommt, greift die Justiz ein. Das soll nicht heißen, dass alles in der Presselandschaft wunderbar ist. Manche Zeitungen (*Le Journal* und *Nichane*) sind vom Markt verschwunden, da sie von den Behörden, die den Zeiten der Zensur nachtrauern, weiter belästigt wurden; wieder andere Medien wurden zu hohen Geldstrafen verurteilt. Doch im allgemeinen gewinnt die freie Meinungsäußerung an Boden, auch wenn es nach wie vor Überwachung gibt.

Das andere große Problem Marokkos ist die Korruption. Der König hat eine Kommission zur Bekämpfung der Korruption ins Leben gerufen, aber deren Arbeit ist schwierig, denn Korruption hinterlässt meistens keine Spuren, also gibt es keine Beweise. Das verdirbt die Funktionsweise von Justiz und staatlicher Verwaltung.

Die Arbeitslosenquote bei Jugendlichen, insbesondere bei Abiturienten und Akademikern, ist hoch und sehr beunruhigend.

Die Armut ist absolut und betrifft den Großteil der marokkanischen Bevölkerung. Eine kleine Minderheit bereichert sich und schafft einen tiefen Graben zwischen sich und dem Rest der

Gesellschaft. Dem Monarchen nahestehende Personen nutzen ihre Stellung, um immer profitablere Geschäfte zu machen. Die Presse prangert sie regelmäßig an, doch das stört sie nicht, und sie betreiben ihre üble Geschäftspolitik arrogant weiter. Der König äußert sich zu diesem Thema nicht. Das schockiert die Menschen sehr, und die populäre arabischsprachige Presse haut immer wieder in diese Kerbe. Es gibt noch zu viel Ungleichheit, zu viel Unrecht.

Eine andere Geißel ist das Analphabetentum. Davon sind fast 40 % der Marokkaner betroffen, vor allem auf dem Land.

Der König arbeitet, er tut sein Bestes. Er ist beliebt, und viele politische Parteien sollten sich an ihm ein Beispiel nehmen. Der Islamismus wiederum wird von einer im Parlament präsenten Partei vertreten, die sich für Gewaltfreiheit und Demokratie entschieden hat.

Mit dem neuen Gesetz zum Familienrecht (*Moudawana*) wurden die Rechte der Frauen verstärkt.

Wesentliche Infrastrukturen sind ausgebaut worden: Autobahnen, Häfen, Sozialwohnraum usw.

Die Demokratie ist keine technische Spielerei, sie ist eine Kultur, und Marokko eignet sie sich gerade an. Wir sind noch weit von einem perfekten Modellstaat entfernt, doch es werden bereits Fortschritte sichtbar.

Die tunesische und ägyptische Revolution haben das politische Leben in Marokko natürlich ebenfalls beeinflusst. Auch hier sind die Menschen enttäuscht und erwarten gerade in dieser Hinsicht viel von ihrem König.

Die viel gelesene französischsprachige Zeitschrift *Tel Quel* hat in der Ausgabe vom 19. bis 25. Februar (Nummer 461) ein

Dossier veröffentlicht: »50 Maßnahmen für ein besseres Marokko«. Die Redaktion betont, dass die Revolution mit Mohamed VI. durchgeführt werden wird.

Hier einige der vorgeschlagenen Maßnahmen:

– Verschlankung des königlichen Protokolls
– Ein tatsächlich regierender Premierminister
– Abschaffung der Todesstrafe
– Diskussion über das Budget des Hofes
– Verbot der Polygamie
– Einführung einer allgemeinen Sozialversicherung
– Garantierte Religionsfreiheit
– Völlige Unabhängigkeit der Justiz
– Bekämpfung des Analphabetismus
– Änderung des Erbrechts
– Änderung der Pressegesetze (Abschaffung der Zensur)
– Abschaffung der Souveränitätsministerien
  (vom König ernannte Minister)
– Abschaffung der willkürlichen Haftstrafen
– Festschreibung der Laizität in der Verfassung
– Kontrolle der Finanzen durch das Parlament
– Überarbeitung der Schulbücher
– Wahrer politischer Gestaltungsspielraum und
  Vereinigungsfreiheit

Das sind Maßnahmen, von denen ein Teil durchaus sofort umgesetzt werden könnte, wenn der König es entscheidet. Doch es wird sehr schwierig werden, auch nur das Geringste im Zusammenhang mit seiner Person und seiner Familie zu verändern. Das hängt mit dem »Makhzen« zusammen, einem System von ungeschriebenen Gesetzen und Regeln, das von den Vorfahren übernommen wurde und das Funktionieren der Monarchie auf traditionelle Weise und ohne jegliche Möglichkeit zum Widerspruch regelt.

Der König ist ein moderner Mensch. Doch er muss die Regeln des Makhzen beachten, auch wenn ihm das persönlich nicht gefällt und seinem eigentlichen Willen widerspricht. Die Beliebtheit von König Mohamed VI. gibt Anlass zur Hoffnung, dass Marokko sich in Richtung einer von diesem Maßnahmenkatalog skizzierten Modernität bewegen kann. Doch es ist eine Frage der Diskrepanz von Rhythmus und Zeit: Mohamed VI. bewegt sich nach seinem eigenen Rhythmus. Er ist jedoch nicht allein verantwortlich für die heutige Situation des Landes: Die politischen Parteien, die Gewerkschaften machen ihre Arbeit nicht gut. Oft ist das Parlament leer, wenn die Gesetze debattiert werden. Geschäftemacherei ist eine üble Gewohnheit der meisten Politiker. Manche lassen sich nicht wählen, um dem Wähler zu dienen, sondern um finanzielle Geschäfte abwickeln zu können.

Der König hat entschieden, auf wirksame und kontinuierliche Weise auf das soziale Leben einzuwirken. Heute geht die Aufforderung an ihn, das auch im politischen Leben zu tun. Anders gesagt soll er der Regierung und dem Parlament Verantwortung übertragen sowie ihnen nach und nach einen Teil seiner Macht abtreten.

Als ich diese Zeilen am 9. März 2011 schrieb, erfuhr ich, dass sich Mohamed VI. in einer zwölfminütigen, historischen Rede an das Volk gewandt hatte.

Er schlug eine »globale Verfassungsreform« vor, die die »Pluralität der marokkanischen Identität« anerkennt, einschließlich der »Amazighität« (Identität der Berber), die zum gemeinsamen Kulturgut aller Marokkaner gehört. Er rief zur »Konsolidierung der Rechtsstaatlichkeit« auf, zu einer »unabhängigen Justiz«, die die Verfassung und die Gleichheit aller Bürger garantieren soll. Er betonte, »die Regierung (werde) nach dem Willen des Volkes, wie er sich in den Wahlurnen äußert, gebildet« und der Premierminister werde von der Partei benannt, die die Mehrheit der Stimmen erhalten habe; dieser Premierminister werde »der Chef einer verantwortlichen Exekutivmacht«; der König sprach auch über den Status der Opposition und die Garantie der Wahrung der Menschenrechte.

Die Rede ist revolutionär, denn sie rüttelt auf ganz neue und radikale Art an den Grundfesten eines absolutistischen traditionellen Regimes.

Die Opposition und die internationale Presse haben zu Recht den Mut dieses Königs gewürdigt, der uns immer wieder überrascht.

Eine Anekdote am Rande: Die Supermarktkette »Marjane«, die einer Holdinggesellschaft gehört, an der der König beteiligt ist, wird verkauft. Das ist vielleicht eine erste Reaktion auf die Vorwürfe in den Medien, der König sei etwas zu sehr an finanziellen Geschäften beteiligt.

Die Demonstrationen vom 20. Februar 2011 sind nicht alle ruhig und friedlich verlaufen. In Marrakesch und Tanger kam es zu Plünderungen von Geschäften; in Al-Hoceima hat es fünf Tote gegeben, weil Demonstranten eine Bankfiliale anzündeten, ohne zu wissen, dass sich dort Angestellte aufhielten.

Die am 20. März 2011 auf Initiative der Bewegung des 20. Februar, der marokkanischen Vereinigung für Menschenrechte, des Forum Justiz und Wahrheit, von Attac Marokko und der radikalen islamistischen Bewegung Al-Adl wa al-Ihsan organisierten Demonstrationen verliefen ohne größere Zwischenfälle. Frauen und Männer trugen Schilder mit Forderungen nach dem Rücktritt der Regierung von Abbas al-Fassi, einer ineffizienten, unbedeutenden Regierung ohne Vorstellungskraft. Sie forderten: »Schluss mit der Korruption«, »eine vom Volkswillen geprägte Verfassung«, »Gerechtigkeit«, »Der König soll herrschen und nicht regieren«. Ein Schild in Arabisch, in Tamazight und in Französisch verlangte: »Stiehl mein Land nicht!«, und ein anderes: »DST (Geheimdienst) hau ab«. Die vom König in seiner Rede vom 9. März angekündigten Reformen erscheinen dem Volk nicht ausreichend. Die Leute sind ungeduldig und wollen den arabischen Frühling nicht verpassen, der ja an anderen Orten wie in Libyen, Syrien, Jemen und Bahrain eher tragische Züge annimmt.

Seit seiner Machtübernahme im Juli 1999 hat König Mohamed VI. vieles im Land verändert. Das wird von allen gesagt und anerkannt. Es ist andererseits auch verständlich, dass manche Marokkaner enttäuscht sind. Denn der König hat keinen Zauberstab.

Wer jedoch die berüchtigte »bleierne Zeit« unter Hassan II. erlebt hat, weiß die außerordentlichen Fortschritte zu schätzen, die Mohamed seinem Land und seinem Volk ermöglicht hat. Nach der Rede vom 9. März 2011 müssen sich alle Marokkaner an die Arbeit machen und sich für eine umfassende, aber friedliche Revolution einsetzen.

LIBYEN

Nach den Ereignissen in Tunesien und Ägypten wird in der arabischen Welt nichts mehr so sein wie vorher. Auch wenn die Menschen nicht gleich in allen arabischen Großstädten auf die Straße gehen, werden beide Revolutionen früher oder später Auswirkungen haben auf die Art und Weise, wie arabische Machthaber mit den Bürgern umgehen.

Zu Anfang dieses Buches habe ich von Ansteckungsgefahr und einer Druckwelle gesprochen, doch es gibt noch ein anderes, tiefer liegendes Phänomen: Seit sehr langer Zeit erleiden die arabischen Bürger Unrecht, müssen ohnmächtig den Verfall ihrer Würde hinnehmen, trösten sich mit der Überzeugung, soziale Ungleichheit beruhe auf dem göttlichen Willen, und akzeptieren alle Unbill als gottgewolltes Schicksal.

Unter all diesen Ländern ist Libyen ein Sonderfall. Das System Gaddafis ist eine sehr eigene Diktatur. Er hatte alle Tore verriegelt. Nichts drang nach außen, aus diesem Land erfuhr man nichts. Nicht ein Journalist konnte dort unabhängig arbeiten und die Situation beschreiben.

Es ist ein Rätsel. Man erahnt, man stellt sich Dinge vor. Doch in Wahrheit wissen wir nichts über Leben und Leiden des libyschen Volkes.

Ein wichtiger Punkt besteht darin, dass Libyen kein Staat,

sondern eine Anhäufung von ethnischen Gruppen und Klans ist, die Gaddafi in einer Art absurdem Wolkenkuckucksheim gefangen hält. Es gibt keine Regierung im modernen Sinne, kein Parlament, keine politischen Parteien. Es ist eine Staatsform, die es sonst nirgendwo gibt. Entstanden ist sie aus einer List des jungen Offiziers, der 1969 an die Macht kam und ein ganzes Land in seine Gewalt brachte. Er erstickte sein Volk unter einer bleiernen Glocke und gab vor, es werde dadurch »Herrscher über sein Schicksal«. Diesen schurkischen Betrug hat die ganze Welt akzeptiert.

Aufgrund dieser chaotischen Situation wird es sehr schwierig sein, den Gaddafi-Klan von der Macht zu verdrängen. In jedem Fall wird Gaddafi nicht alleine von der Bühne abtreten; er wird mit der Waffe in der Hand sterben ... Es sei denn, die Vereinten Nationen verhaften ihn. Doch dazu wird es viel Fantasie und Wagemut brauchen. Das Eingreifen von außen könnte ihn in gewisser Weise stärken. Wir können nur hoffen, dass die Klans, die sich ihm widersetzen, ihn schlagen und dann vor Gericht stellen können. Da müssen dann er und seine Familie sich für die Verbrechen verantworten, die sie seit 40 Jahren begehen.

Seit Gaddafi an der Macht ist, hat die internationale Öffentlichkeit nicht einmal von Aufbegehren, Opposition oder Unruhen gehört. Vielleicht gab es ja Aufstandsversuche, die in Blut und Schweigen erstickt wurden. Eines Tages werden wir die Tragweite der Massaker entdecken, die dieser Tyrann völlig ungestraft und selbstherrlich verüben konnte.

Wegen der Ölvorkommen schloss Europa die Augen. Schlimmer noch: Wenn Gaddafi in die europäischen Hauptstädte reiste, zwang er die Verantwortlichen, seinen extravaganten Launen nachzugeben. Alle taten, was er wollte, und schluckten lächelnd ihren Unmut hinunter, denn Staatschefs wie Sarkozy, Berlusconi oder Zapatero hofften, fantastische Verträge mit ihm abschließen zu können. Bei manchen ist es gelungen. Frankreich hingegen hat sich lächerlich gemacht und nach einem in den Medien stark kommentierten Staatsbesuch nichts erreicht.

2003 besuchte ich auf Einladung der französischen Botschaft Tripolis. Wie Hafiz al-Assad oder Mubarak glaubt Gaddafi, dass Macht zu vererben ist. Sein Sohn Saif al-Islam ist im Prinzip als Nachfolger vorgesehen. Doch auch dann wird sich notwendigerweise etwas verändern. Libyen ist auf neurotische Weise von der Welt abgeschnitten. Gaddafi hat alles abgeriegelt, und die Menschen haben nur auf ein Zeichen des Schicksals gewartet, um auf die Straße zu strömen. Wer zu demonstrieren wagt, wird mit Kampfpanzern und Kampfflugzeugen empfangen, die mit scharfer Munition schießen. Anfang März 2011 sprach die (illegale) Liga für Menschenrechte in Libyen bereits von 6000 Toten seit Beginn der Aufstände Mitte Februar.

Dieses touristisch noch unerschlossene Land hat ungeheures Potenzial, insbesondere drei außergewöhnliche Stätten, drei herrliche archäologische Städte: Leptis Magna, Sabrata und Kyrene. Doch Gaddafi ist als unkultivierter Barbar durchaus in der Lage, das alles zu zerstören, um sich an der Macht zu halten. Er hat den Demonstranten öffentlich ein totales Massaker ohne Pardon versprochen!

Illegitimität und Straflosigkeit

Wenn man in Libyen ankommt, fühlt man sich in die Zeit der totalitären osteuropäischen Staaten zurückversetzt. Zahlreiche Polizisten in Zivil, die alles und jeden verdächtigen. Man hat den Eindruck, an einem von George Orwell und Franz Kafka gemeinsam ausgedachten Ort gelandet zu sein. Alles ist erstarrt, absurd, bizarr. Überall wird man ausspioniert und überwacht, man fühlt sich unwohl. Als ich 2003 in Libyen war, habe ich in der ersten Nacht im Hotel gar nicht geschlafen. Ich konnte mich einfach nicht entspannen. Ohne die Unterstützung der französischen Botschaft, die mich aufnahm, hätte ich es nicht einen Tag länger in diesem Land ausgehalten, das bei mir Migräne und Übelkeit auslöste. Solche Dinge spürt man, ohne sie immer erklären zu können.

Als Zweites fällt der unbewegliche Zustand des Landes auf. Alles ist an dem schicksalhaften Datum des 1. September 1969 erstarrt, als ein junger Offizier einen Staatsstreich durchführte und sich an die Macht putschte. Die Menschen sind traurig, resigniert, haben keine Energie. Es gibt keinen Staat, keine Regierung, keine Wahlen, auf jeden Fall kein politisches Leben wie sonst auf der Welt. Es gibt nur Muammar al-Gaddafi, den Retter, den Mann, der das Land in einem Hexenkessel zersetzt hat. Nichts anderes ist mehr von Bedeutung. Selbst der Koran ist durch ein anderes Buch ersetzt worden, das Grüne Buch, das die

Ideen des großen Führers enthält. Es ist Verfassung, Bibel, einzige und höchste Referenz für das Land.

Gaddafi hat ein ganzes Volk in die Knie gezwungen, ihm extravagante, irrationale Behauptungen als Wahrheiten verkauft, es in Ignoranz und Armut gefangen; damit hat er sich 42 Jahre im Land an der Macht gehalten und nicht eine Sekunde gezögert, jeden Versuch einer Opposition in Blut zu ertränken. Keine Journalisten, keine Zeugen, Gaddafi ist unberührbar, ein absoluter, selbstherrlicher Alleinherrscher. Oft wird auf seine psychischen Probleme hingewiesen. Man muss sich nicht gut auskennen, um sie zu bemerken. Man muss ihm nur zuschauen: Sein Narzissmus ist pathologisch, seine Egozentrik jämmerlich und seine Eigensucht erschreckend. Ihm hätte es ergehen können wie Saddam Hussein, nachdem er nachweislich in zwei Attentate gegen zivile Flugzeuge verwickelt war, die insgesamt mehr als 440 Menschen das Leben gekostet haben: Am 21. Dezember 1988 explodierte eine Boeing der PanAm mit 270 Passagieren über der schottischen Stadt Lockerbie, am 19. September 1989 explodierte ein Flugzeug der französischen Gesellschaft UTA mit 170 Passagieren an Bord über dem Niger. Mehrere UN-Resolutionen verurteilten Gaddafi hierfür, und es gab einen jahrelangen Boykott; dann lieferte er die von den Ermittlern überführten Agenten aus und entschädigte die Familien der Opfer.

Er war schlau und hat alles sofort akzeptiert, was die Amerikaner verlangten. 2,7 Milliarden US-Dollar hat er zur Entschädigung gezahlt, um zu »reparieren«, was seine Agenten verbrochen hatten. Heute tritt sein Sohn Saif al-Islam im Fernsehen auf und verspricht den Demonstranten »einen Strom aus Blut«. Am Morgen des 21. Februar 2011 gab es schon 233 Tote (laut Schätzungen von Human Rights Watch, es ist schwer, genaue

Zahlen zu bekommen). Es werden noch viel mehr Menschen sterben, denn der Sohn wie der Vater sind Barbaren, die nur Blutrache, grausame Repression und Straflosigkeit kennen.

Gaddafi gibt ohne Zögern den Befehl, zu töten, weil er weiß, dass er verloren hat, dass er früher oder später die Macht und das Land abgeben muss, auch wenn sein Sohn versprochen hat, dem Land eine Verfassung zu geben. Er weiß auch, dass er erst gehen wird, nachdem er jede Menge Libyer umgebracht hat. Eigentlich ist er ein tragischer Mensch: Er »verteidigt« sich, als greife jemand sein eigenes Haus an. Denn Libyen ist für ihn sein Haus, sein Zelt, sein persönliches Eigentum. Er versteht nicht, wie jemand seinen Anspruch darauf auch nur in Frage stellen kann. Also tötet er. Er hat keinerlei Vorstellung von Recht und Gesetz, von Legitimität und Illegitimität. Sein ganzes Leben lang hat er außerhalb des international geltenden Rechts gelebt. Mit juristischen Argumenten kann man ihn nicht erreichen. Er steht über dem Gesetz und zermalmt mit schwerem Geschütz Demonstranten, die ein Leben in Würde, Freiheit und Demokratie fordern. Diese Werte sind nicht von seiner Welt. In seinem Grünen Buch hat er eine neue Art erfunden, zu herrschen und das Volk zu unterjochen, indem er ihm weismacht, es bestimme selbst über sein Schicksal. Eine Lüge, eine Schande.

Seit dem 15. Februar 2011 kämpft er. Er setzt Söldner aus schwarzafrikanischen Ländern ein, um die Demonstranten umzubringen. Er lässt mit scharfer Munition auf die Menge schießen. Es gab und gibt Tausende Opfer. Wie ein in die Enge getriebenes Tier, das nicht weiß, wohin (seine sogenannten Freunde wollen ihn nicht aufnehmen), erklärt er laut und deutlich zusammen mit seinen Söhnen, dass er in Libyen sterben wird, aber erst nachdem er so viele Landsleute wie möglich massakriert hat.

Worauf wartet eigentlich der Internationale Strafgerichtshof, um einen Haftbefehl gegen diesen von der UN als Verbre-
cher anerkannten Diktator zu erlassen und diesen Despoten vor
Gericht zu stellen, der erwiesenermaßen Verbrechen gegen die
Menschlichkeit begangen hat?

Gaddafische Absurditäten

Als der junge Muammar al-Gaddafi am 1. September 1969 König Idris Senussi stürzte, wollte er seinem Idol, dem ägyptischen Raïs Nasser, nacheifern. Er strebte sofort eine Vereinigung mit Ägypten an und, als das nicht klappte, mit Syrien, wollte Afrika arabisch machen, verlangte, dass die Pässe aller Ausländer, die Libyen besuchten, auf Arabisch ausgestellt würden, erfand eine »Dschamahirija«-Republik (das Wort Dschamahir bedeutet »Volksmassen«) und verfügte, dass der islamische Mondkalender, der mit der Hedschra des Propheten Mohamed nach Medina im Jahr 622 beginnt, erst nach dem Tod des Propheten anfängt. Jedes Dokument, das diese Verfügung nicht berücksichtigte, wurde zurückgeschickt oder weggeworfen.

Gaddafi schlug auch ein Bündnis mit Marokko vor. Hassan II., der ihn und seinen Wahn gut kannte, tat ihm den Gefallen, denn er wusste, es würde nicht einmal eine Jahreszeit halten. Und so kam es auch. Als Marokko im November 1975 den »Grünen Marsch« in die Sahara beschloss – über 300 000 Bürger aus allen Landesteilen marschierten friedlich, um die bis dahin von den Spaniern besetzte Westsahara zu befreien –, erzählte Hassan II. folgende Anekdote: Gaddafi hatte ihn angerufen und angeboten, an der Seite der marokkanischen Brüder zu marschieren. Der König bedankte sich und lehnte ab, da es eine rein marokkanische Angelegenheit sei. Als ihn ein Journalist fragte, ob das der einzige Grund für die Ablehnung gewesen sei, antwortete er:

– Nein, wenn ich meinen Truppen befehle, anzuhalten, werden sie es tun, aber Gaddafis Truppen tun einzig und allein, was ihnen gerade einfällt.

Nach dem Scheitern der verschiedenen, ziemlich wahllosen Bündnispläne finanzierte Gaddafi den internationalen Terrorismus: die IRA, die ETA und etliche andere Bewegungen, die Attentate verübten.

Nach dem 11. September 2001 begriff er, dass es schädlich war, weiter auf der Liste der verbrecherischen Staaten zu stehen. Er arrangierte sich mit den USA und auch mit den Europäern. Später sollte Boris Boillon, der französische Botschafter im Irak und danach in Tunesien, behaupten: »Gaddafi war ein Terrorist; heute ist er es nicht mehr.«

Nun, heute terrorisiert er eben sein Volk, indem er es mit Bomben und Raketen beschießt.

Wie für Ben Ali und Mubarak ist seine physische Erscheinung sehr wichtig für Gaddafi. Er liebt sich; sein Narzissmus ist grotesk. Er legt Wert auf schöne Kleider. Bis zu drei Mal am Tag wechselt er die Kleidung. Doch er trägt immer eine kugelsichere Weste. Manche behaupten sogar, sein Turban sei gepanzert! Er hat sich Haare einpflanzen lassen und färbt sie schwarz. Er war schon immer besessen von der Angst, eine Glatze zu bekommen. Mehrere Zeugen, darunter sein Protokollchef, dem die Flucht gelungen ist, sagen, er nehme viele Drogen. Das sieht man an seinem aufgedunsenen, von groben Falten und Linien gezeichneten Gesicht. Sein Blick ist feurig, aber hinter einer Art Dunstschleier, der ihn abwesend wirken lässt. Mehrere Journalistinnen, die ihn interviewt haben, erzählen, er habe versucht, sie zu missbrauchen.

Anlässlich seiner Rede vor der UNO-Vollversammlung hat er sich skandalös benommen: Er zerriss die Erklärung der Menschenrechte und warf sie zu Boden. Die Versammelten waren schockiert, aber niemand machte ihn auf das Minimum an Respekt aufmerksam, das man vor einer solchen Versammlung von allen Anwesenden erwartet. Man hat ihm viel zu lange alles durchgehen lassen. Dieser Mensch ist eine Gefährdung für die Welt und für sein Volk; er hätte aus dem politischen Leben entfernt und in eine psychiatrische Klinik eingewiesen werden müssen. Als einziger Vertreter aller islamischen Staaten intervenierte er bei Hassan II., um ihn zu bitten, mich zu bestrafen, weil ich im Januar 1975 in *Le Monde* die erste aus dem Inneren geschriebene, schonungslos kritische Reportage über die Pilgerfahrt nach Mekka veröffentlicht hatte.

Bisher drangen keinerlei Informationen aus Libyen. Vor den jüngsten Ereignissen konnte niemand wissen, ob es eine Opposition gab oder was Gaddafi mutmaßlichen Oppositionellen antat. Nur während der Unruhen 2006 gab es einige wenige Informationen. Das Land ist isoliert und wird von einem gefährlichen Irren geleitet, dessen Söhne ihm nacheifern. Der bekannteste von ihnen ist Hannibal, der ernsthafte Schwierigkeiten mit der Schweizer Justiz hatte. Doch wirtschaftliche Erpressung und die Geiselnahme Schweizer Staatsbürger in Libyen regelten auch dieses Problem. Gaddafi schlägt seine Frau und die Hausangestellten. Das alles wussten die westlichen Machthaber. Bei den Botschaftsempfängen erzählte man sich Witze über seine wahnhaften Anwandlungen, während man sich bei seinen

Staatsbesuchen in Europa auf seine lächerlichen, unanständigen Launen einließ. Das alles für Erdöl und ein paar Verträge, die er nicht einmal unterschrieb.

In Erinnerung an Mohammed Nabus

Dieser Fernmeldeingenieur ist das Symbol des Widerstands in Bengasi. In seinem Blog informierte er die Weltöffentlichkeit über die ungestraften Massaker der Söldner Gaddafis. Er filmte die Horrorbilder und stellte sie dann ins Netz. Er stand mit StreetPress in Verbindung. An sie schickte er seine Zeugnisse und Berichte. Unaufhörlich forderte er eine Intervention zur Hilfe für ein gefährdetes Volk. Kurz bevor sich die Europäer, die Arabische Liga, die Afrikanische Union und die USA endlich entschlossen einzugreifen, erwischte ihn die Kugel eines Scharfschützen. Er filmte gerade die Angriffe der libyschen Armee auf die Zivilbevölkerung. Er schrie: »Vergesst Libyen nicht.« Den überstürzten Abzug der internationalen Presse aus Bengasi fand er verwunderlich.

Am Mittwoch, dem 16. März, drei Tage vor seinem Tod, schrieb er: »Hört, Freunde. Heute ist es unwichtig, ob wir stark oder schwach sind. Wichtig ist nur, ob wir leben oder sterben. Wir müssen deshalb jetzt handeln.«

Seine Frau hat sein Ableben bekannt gegeben: Mo ist tot.

Sie erwartet ihr gemeinsames Kind.

AUSBLICK

Heute sind sie alle verstört: die alten Bärte, die Diktatoren, die Sicherheitssheriffs, die Muchabarats (Geheimdienstleute), alle, die gewaltsam die Macht ausgeübt und Verbrechen verübt haben, aber bisher ungestraft davongekommen sind. Sie wissen nicht, wie ihnen geschieht. Nie im Leben hätten sie sich vorstellen können, dass das Volk eines Tages aufbegehrt und rebelliert. Sie gingen davon aus, dass sie die Menschen ausreichend niedergeschlagen, erniedrigt und am Boden zerstört hätten und sich niemand mehr aufrichten könne. Diese Methoden hatten sich ja lange bewährt: in Lateinamerika, in den kommunistischen Ländern unter Sowjetregimen, in Afrika. Sie übten ausgeklügelte Strategien der Diktatur aus, sicherten sich nach allen Seiten ab und der Zeitgeist sowie die westliche Welt gaben ihnen recht oder widersprachen zumindest nicht. Ihnen war nie der Gedanke gekommen, dass ihr Niedergang hart und unaufhaltsam sein würde. Nun verfallen sie in Panik, lassen in die Menge schießen, morden, halten beharrlich an ihrer Dummheit fest und handeln grausamer denn je. Sie mussten feststellen, dass der aus einem kleinen Land aufgezogene Sturm der Freiheit stärker und gewaltiger ist als alle Windböen, die sie ausgelöst haben, wenn sie Bürger unterdrückten, folterten und töteten, deren einziges Verbrechen darin bestand, sich für Freiheit und Würde einzusetzen.

Nach Libyen ist die Reihe nun an Syrien, einer alten vom Vater auf den Sohn übergegangenen Diktatur, die seit 41 Jahren besteht. Zum ersten Mal seit einem halben Jahrhundert strömen die Menschen auf die Straßen und prangern dieses unmenschliche Regime an. Unmenschlich war auch dessen Reaktion: Am 15. März 2011 wurden in Daraa – einer 100 Kilometer südlich von Damaskus gelegenen Stadt – hundert Demonstranten getötet, darunter auch Kinder.

Diese Regime werden sich mit allen Mitteln verteidigen, denn ihre Vertreter wissen, dass sie keinerlei Legitimität besitzen und auch keinen Zufluchtsort finden werden. So ergeht es heute Gaddafi, und so wird es auch Baschar al-Assad ergehen, wenn er weiter auf gewaltsame Verbrechen setzt.

Keine Repression der Welt kann die befreiende Wucht der Bewegung des arabischen Frühlings aufhalten. Die Bewegung ist lebendig und kreativ. Getragen wird sie von einer neuen Generation von jungen Menschen, von denen einige im Ausland gelebt haben und die alle im Gegensatz zu ihren Eltern die Fenster zur Außenwelt aufgerissen haben. Sie haben gesehen, wie junge Menschen in anderen Ländern leben; sie haben festgestellt, dass Freiheit eine Voraussetzung für wahres Leben ist. Wie im Traum hatten sie Eingebungen: Ihr könnt ein besseres Leben haben; ihr könnt den Diktaturen ein Ende setzen; es ist möglich, in Würde zu leben. Aber wie? Mit welchen Mitteln? Einfach indem man kommuniziert, Ideen austauscht, Pläne schmiedet. Die ganze Welt ist nur einen Mausklick entfernt. Sie ist riesig, diese Welt, doch die Zeit hat sich beschleunigt.

Die jungen Menschen haben sich gefragt, wie ihre Eltern sich damit abfinden konnten, unter schändlichen Diktaturen zu leben. Diese Regime haben sich durch Terror und Gewaltverbrechen an der Macht gehalten. Unendliche viele oppositionelle Männer und Frauen sind verschwunden, andere starben an der Folter, wieder andere leben im Exil. Das Besondere an der neuen Generation ist: Sie haben keine Angst! Das illustriert zum Beispiel das Schicksal des Libyers Mohammed Nabus. In Syrien haben Jugendliche Parolen gegen das Regime an die Mauern gesprüht; sie wurden verhaftet und brutal gefoltert. Doch andere Jugendliche machen an ihrer Stelle weiter.

Diese neue Generation ist überall. Sie ist vielfältig und dennoch gleich. Sie ist in den verschiedenen Ländern verankert und hat doch ein Bein in der Außenwelt. Sie ist beseelt von den gleichen Ansprüchen und dem gleichen Handlungsbedarf. Nicht nur dass die autoritären Regime das nicht voraussehen konnten, sie begreifen es nicht einmal. Sie entdecken plötzlich, dass dieser Aufstand nicht verhandelbar ist, sie müssen jeden Tag erneut feststellen, dass nichts die jungen Menschen aufhalten wird. Das ist das Neue und Historische an der jetzigen Situation.

Niemand kann heute wissen, was aus diesen Aufständen entstehen wird. Es wird Irrtümer, Versuche, vielleicht auch Unrecht geben, doch eines ist sicher: Nie wieder wird ein Diktator die Würde des arabischen Menschen mit Füßen treten können. Diese Aufstände lehren uns etwas Einfaches, das die Dichter schon so oft besungen haben: Wer erniedrigt wird, weigert sich früher oder später, auf Knien zu rutschen, und setzt sich unter Lebensgefahr für Freiheit und Würde ein. Diese Wahrheit ist allgemeingültig. Es ist eine große Freude, dass nun gerade die arabischen Völker die Welt daran erinnern.

II DER FUNKE

1.

Mohamed kam vom Friedhof; soeben hatte er seinen Vater zu Grabe getragen. Er spürte eine ungeheuer schwere Last auf den Schultern. Er ging gebückt, war gealtert, schlurfte langsam. Gerade war er dreißig geworden. Der Tod des Vaters veränderte seinen ganzen Lebensplan. Er war der Älteste, also für die ganze Familie verantwortlich. Drei Brüder und zwei Schwestern. Eine noch rüstige, aber diabeteskranke Mutter. Die ergebnislose Arbeitssuche zehrte an seinen Nerven. Er würde sich nicht mehr vor das Parlamentsgebäude setzen und gegen die Arbeitslosigkeit protestieren. Manche arbeitslosen Akademiker hatten Arbeit gefunden, aber er nicht. Sein Abschluss in Geschichtswissenschaften interessierte niemanden. Er holte seinen alten Ranzen aus dem Wäscheschrank, entnahm Papiere und Dokumente, unter anderem sein Hochschuldiplom, häufte sie zu einem Scheiterhaufen im Waschbecken und verbrannte alles. Er sah zu, wie die Flammen die Worte verschlangen, wie zufällig kreisten sie um seinen Namen und sein Geburtsdatum. Mit einem Holzstöckchen schürte er das Feuer, bis alles zu Asche wurde. Seine Mutter roch das Feuer und eilte herbei:

– Du bist ja verrückt! Was hast du davon, dein Abschluss-

zeugnis zu verbrennen? Wie willst du dich jetzt auf einen Lehrer-
posten bewerben? Drei Jahre einfach in Rauch aufgehen lassen!

Er antwortete nicht, fegte die Asche zusammen und warf sie
in den Müll, säuberte das Waschbecken, wusch sich die Hände
und ging. Er war ruhig, vielleicht resigniert. Doch sein Gesicht
blieb verschlossen. Seine Mutter erinnerte ihn daran, dass er ihr
Medikament besorgen musste.

2.

Sein Entschluss stand fest: Er würde den Karren seines Vaters
übernehmen, aber vorher musste er die Räder reparieren, ein
verfaultes Brett austauschen, die Waage zentrieren lassen und
Bouchaïb, den Obst- und Gemüsehändler, kontaktieren.

Wo sollte er das Geld hernehmen? Seine Mutter hatte während der Krankheit ihres Mannes bereits ihren ganzen Schmuck
verkauft. Mohamed hatte in einer Tombola der Philosophischen
Fakultät seiner Universität eine Reise nach Mekka gewonnen.
Wo er jetzt ausnahmsweise einmal Glück gehabt hatte, konnte er nicht viel mit dem Flugticket anfangen. Er hatte gar keine
Lust, nach Mekka zu pilgern, aber er hatte auch nicht das nötige
Kleingeld, alles darum herum zu bezahlen; am liebsten hätte er
das Ticket in Bargeld umgewandelt. Die Fluggesellschaft ließ
sich aber nicht darauf ein. So blieb ihm nur noch die Möglichkeit, das Ticket billig an einen Pilger zu verscherbeln. Er holte
ein Drittel des Preises heraus und musste aber auch noch den
Reisebüroangestellten schmieren, damit der den Namen auf
dem Ticket änderte. Mit der Restsumme konnte er den Karren
reparieren und anfangen, Orangen und Äpfel zu verkaufen.

3.

Mohamed wusste, dass Bouchaïb grob und vor allem unehrlich war; das hatte ihm sein Vater oft gesagt. Der Händler gab vor, Mohameds Vater habe Schulden bei ihm, unter anderem habe er die letzten beiden Rechnungen nicht bezahlt. Wie konnte man das nachprüfen? Mohamed musste sich mit diesem Kerl arrangieren, denn er war der Einzige, der – für 10 bis 15 Prozent Aufpreis – auf Kredit verkaufte. Mohamed versuchte erst gar nicht zu handeln, gab ihm einen Vorschuss auf zwei Kisten Apfelsinen und eine Kiste Äpfel; er nahm auch ein paar Körbchen Erdbeeren.

Als er den Markt verließ, wusste er erst nicht, wohin. Sollte er herumziehen oder lieber einen guten Stellplatz suchen, um die Ware zu verkaufen? Am besten stellte er sich neben eine Ampel oder einen Kreisverkehr. Er sah sich um und entdeckte, dass die besten Plätze bereits vergeben waren. Er schob seinen Karren vor sich her und blieb von Zeit zu Zeit stehen. Laut schreiend pries er seine Orangen und Äpfel an. Doch er konnte das Hupkonzert nicht übertönen. Niemand hörte ihn. Er stellte sich neben einen Krämerladen, aber der Krämer verjagte ihn schimpfend: »Sonst geht's wohl noch? Ich bezahle Gewerbeschein und Steuern, aber du stellst dich einfach vor meinen Laden. Wie soll ich da klarkommen? Hau ab!«

Diesen ersten Tag verbrachte er auf den Straßen herumirrend. Er verkaufte mehr als die Hälfte der Ware. Jetzt hatte er begriffen, dass er sehr früh aufstehen und vor den anderen einen Platz einnehmen musste.

4.

Am Abend erzählte er seiner Mutter, dass Bouchaïb Geld verlangte.

– Dein Vater ertrug es nicht, Schulden zu haben; er zahlte alles so schnell wie nur möglich. Bouchaïb ist ein Mistkerl. Er hat
keine Beweise. Vergiss es einfach. Hast du an mein Medikament
gedacht? Ich habe nur noch eine Tablette.

Mohamed kramte Bücher aus einer Kiste und legte sie vor
dem Haus zum Verkauf aus. Geschichtsbücher, Taschenromane
und auch noch *Moby Dick* in einer ledergebundenen englischen
Ausgabe; das war ein Preis, den er in der Sekundarschule als bes-
ter Englischschüler bekommen hatte. Er verkaufte drei Bücher
und konnte damit gerade mal das Medikament bezahlen. *Moby
Dick* fand keinen Abnehmer. Am Abend las er ein wenig darin
und merkte, dass er langsam sein Englisch vergaß. Vor dem Ein-
schlafen dachte er an die schöne Zineb, die er seit zwei Jahren
liebte; kein Geld und keine Arbeit bedeuteten aber keine Wohnung und daher keine Heirat. Er war unglücklich, doch er konnte ihr einfach nichts versprechen, denn er hatte nichts zu bieten.

5.

Zineb arbeitete bei einem Arzt als Sekretärin. Sie liebte Mohamed aufrichtig und hatte ihm sogar vorgeschlagen, zu heiraten
und bei ihren Eltern zu leben, denn sie war ein Einzelkind. Doch
Mohamed hatte seinen Stolz; er konnte sich nicht vorstellen,
seiner Frau auf der Tasche zu liegen und bei den Schwieger-
eltern zu wohnen.

Sie trafen sich meistens in einem Kaffeehaus. Sie redeten viel, oft immer wieder über das gleiche unlösbare Problem, und brachen dann in Gelächter aus. Seit über drei Monaten hatten sie sich nicht mehr alleine irgendwo treffen können, wo sie miteinander schlafen konnten. Beim letzten Mal hatte Zinebs Kusine ihnen ihre kleine Wohnung zur Verfügung gestellt, weil ihre Mitbewohnerin auf Reisen gewesen war.

– Eines Tages, sagte Zineb, werden wir aus dem Tunnel herausfinden; ich verspreche es dir; ich sehe es, ich spüre es. Du wirst einen guten Arbeitsplatz finden, ich werde den schmierigen Arzt hinter mir lassen, und wir werden ein eigenes Leben aufbauen, du wirst sehen!

– Ja, eines Tages … Doch du weißt, dass ich nie im Leben einen dieser zwielichtigen Kähne besteige und zum illegalen Auswanderer werde. Ich kenne deinen Traum: Kanada! Ja, wir werden alle nach Kanada ziehen, und wir kommen auch alle ins Paradies. Das steht irgendwo geschrieben. Doch im Augenblick muss ich eine große Familie ernähren, meine Mutter pflegen und um einen guten Platz für meinen Karren kämpfen.

6.

Er war um sechs Uhr früh aufgewacht. Um seine Brüder, die im gleichen Raum schliefen, nicht zu wecken, war er ganz leise aufgestanden. Da war Nabile, zwanzig Jahre alt; er arbeitete als nicht zugelassener Touristenführer und hatte oft Probleme mit der Polizei. Dann Noureddine, siebzehn, Sekundarschüler, der von freitags abends bis montags früh in einer Bäckerei arbeitete. Schließlich Yassine, fünfzehn, intelligent, ein schöner, geistreicher Nichtstuer, der seiner Mutter versprochen hatte, er werde Millionär und nähme sie dann auf eine Reise zu den Pyramiden mit.

Mohamed wusch sich, stopfte ein Stück Brot in sich hinein und holte den Karren heraus. Er hatte die Bücherkiste darauf abgestellt. Als er aus der schmalen Gasse heraustrat, hielt ihn ein Verkehrspolizist an:

– Das ist ja der Karren des Alten. Wo ist er denn?

– Tot.

– Und du übernimmst einfach, als wäre nichts geschehen.

– Was ist daran schlecht? Ist es etwa verboten, ehrlich seinen Lebensunterhalt verdienen zu wollen?

– Und unverschämt bist du auch noch! Papiere …

Mohamed gab ihm alle Dokumente, die er bei sich hatte.

– Du hast ja keine Versicherung. Stell dir mal vor, du überfährst ein Kind. Wer soll dann zahlen? Du etwa?

– Von einer Versicherung für einen Obstkarren habe ich noch nie gehört. Das ist etwas ganz Neues.

Der Beamte zog ein Notizheft hervor und schrieb. Zugleich sah er Mohamed von der Seite an. Dann sagte er:

– Du gibst den Idioten, als hättest du mich nicht verstanden.

– Ich gebe gar nichts; du hingegen tust alles, um mich an der Arbeit zu hindern.

– Na gut, denk an die Versicherung. Ich sage es ja nur zu deinem Besten.

– Mit beiden Händen griff er sich Orangen und Äpfel, biss in einen Apfel und sagte mit vollem Mund:

– Los, geh schon weiter …

7.

Mohamed fand einen Platz. Er stellte den Karren ab und wartete. Autos hielten an, die Fahrer ließen ihre Fenster herunter und
gaben an, was sie brauchten:

– Ein Kilo von jeder Sorte, und such gute Früchte aus.

Manche hatten es auch nicht so eilig. Sie stiegen aus dem
Auto, betasteten die Früchte, fragten nach dem Preis, handelten
ihn herunter und kauften schließlich ein paar Orangen. Eine
Stunde später kam ein anderer Straßenhändler an, mit einem
dekorierten attraktiveren Karren mit einer größeren Auswahl
an Früchten, auch exotischem Obst, schwer zu finden und teuer.
Und mit Stammkundschaft. Mit einem Blick und einer leichten
Kopfbewegung bedeutete er Mohamed, den Platz zu räumen.
Er gehorchte widerspruchslos. Nun irrte er wieder umher. Er
sagte sich, der Morgen sei ja gar nicht schlecht gelaufen und
er müsse eben mehr verschiedene Früchte anbieten. Am Ende
des Tages hatte er alles verkauft. Er ging bei Bouchaïb vorbei
und füllte den Karren wieder auf. Am Abend war er todmüde,
ging aber noch bei Zineb und ihren Eltern vorbei, die ihn gerne
mochten. Er erzählte ihr seinen Tag; sie aßen Pfannkuchen und
verabschiedeten sich dann voneinander.

8.

Mohameds Mutter wurde von einem Polizisten in Zivil auf-
gesucht. Er fragte nach Mohamed und warum er nicht mehr bei
der Gruppe »Arbeitslose Akademiker« mitmachte. Die arme
Frau antwortete in ihren eigenen Worten, zögernd und beun-

ruhigt. Der Polizist händigte ihr eine Vorladung aus. Mohamed sollte noch am gleichen Abend vorstellig werden. Sie brach in Tränen aus, denn sie wusste, die Polizei bringt nie gute Nachrichten. Sie sagte noch flehend: »Mein Sohn macht keine Politik.« Er reagierte nicht darauf und ging.

Als sie Mohamed das Papier gab, sah er es an und stopfte es in die Tasche.

– Ich gehe nachher hin. Sie werden mir Fragen stellen. Wenn ich nicht hingehe, kommen sie und holen mich. Dann wird es unangenehm.

9.

Im Kommissariat wartete er auf einer Bank. Von Zeit zu Zeit stand er auf und versuchte jemanden aufzutreiben, der ihm sagen konnte, warum er bestellt worden war. Aber keiner wusste es. Er sagte sich, es sei ein Einschüchterungsversuch. Das hatten sie schon einmal zu Anfang der Demonstrationen der arbeitslosen Akademiker mit ihm gemacht. Neben ihm saß ein armer, alter, sehr elend aussehender Mann; er döste vor sich hin und schwieg. Was konnten sie wohl diesem Mann vorwerfen, der besser im Krankenhaus aufgehoben gewesen wäre, denn er hustete und spuckte? Mohamed rückte etwas von ihm weg, weil er Angst hatte, sich mit Tuberkulose anzustecken.

Gegen Mitternacht bedeutete ihm ein Beamter, ihm zu folgen.

Ausweiskontrolle.

Ein klassisches Verhör.

Der Polizist war verwundert, dass Mohamed sich nicht mehr

mit seinen ehemaligen Kampfgenossen traf. Er wollte wissen, ob ihn die Islamisten abgeworben hatten.

– Nein, der Tod meines Vaters hat mein Leben aus der Bahn geworfen. Ich habe seinen Karren übernommen. Damit muss ich die Familie ernähren.

– Das weiß ich. Und wie läuft es?

– Ich habe gerade erst angefangen.

– Weißt du, du solltest nicht auf ein Wunder warten. Da gibt es diejenigen, die sich zu helfen wissen und ordentlich Geld scheffeln, und da gibt es die anderen, die Naiven, die Versager. Du musst dich entscheiden, auf welcher Seite du stehst.

Mohamed verstand zuerst nicht, was der Polizist ihm vorschlug: Er sollte Polizeispitzel werden, und im Gegenzug bekäme er einen rentablen Stellplatz; sollte er sich jedoch weigern, für die Polizei zu arbeiten, könne er seinen Handel gleich aufgeben …

– Denk darüber nach. Morgen treffen wir uns am *Rond Point de l'Indépendance*. Geh jetzt nach Hause.

Mohamed wusste: Wenn er zu dem Treffpunkt ging, akzeptierte er de facto das Angebot des Polizisten. Am frühen Morgen nahm er seinen Verkaufsstand und zog in ein einfaches, belebtes Viertel, weit weg vom *Rond Point de l'Indépendance*.

10.

Der Diabetes seiner Mutter war schlecht eingestellt. Sie mussten das Medikament wechseln und dafür noch einmal zum Arzt gehen. Er rechnete die Kosten aus. Sie hatten nicht genug Geld, um diese unvorhergesehene Ausgabe zu tätigen. Er beschloss, mit seiner Mutter zum städtischen Krankenhaus zu gehen. Seine sechzehnjährige Schwester begleitete sie. Mohamed ließ die beiden am Eingang zurück und ging zu seinem Karren. Ihm fiel auf, dass der Vorplatz des Krankenhauses ein großartiger Ort zum Verkaufen war. Viele Besucher kauften Obst für die Kranken. Doch nach einer Stunde tauchten zwei Polizeibeamte auf, darunter eine Frau.

– Papiere.

– Er zeigte seine Papiere vor.

– Das hier ist nicht dein Viertel. Was hast du hier zu suchen?

– Ich habe meine Mutter zur Behandlung hergebracht; sie hat Zucker im Blut.

– Gott segne dich, mein Sohn! Das ist gut, aber du bekommst noch einen größeren Segen, wenn du hier abhaust. Diesmal werden wir dir die Strafe erlassen. Aber du weißt jetzt Bescheid. Komm nie wieder hierher. Hast du uns verstanden?

– Aber das ist mein Lebensunterhalt.

– Gottes Erde ist groß.

11.

Als er gerade weggehen wollte, hielt ein Auto neben ihm. Der Mann schien es eilig zu haben und bat ihn, alles abzuwiegen und es in einen großen Korb zu tun, den er ihm hinhielt.

– Ich kaufe alles. Heute feiern wir. Mein Sohn hat sein Abitur bestanden. Stell dir vor! Ich schicke ihn zum Studium nach Amerika. Ja mein Herr, nach Amerika, denn hier kannst du Tag und Nacht studieren, am Ende bekommst du trotzdem keinen Job! Doch wenn du mit einem amerikanischen Diplom ankommst, nehmen sie dich sofort. Ich bin froh. Ich habe nur diesen einen Sohn, die Töchter zählen ja nicht, ich kriege sie nicht unter die Haube gebracht, keiner will sie heiraten … Also los, Beeilung. Was kostet es? Rechne es schnell aus, wenn du willst, helfe ich dir.

Er zog sein Handy aus der Tasche und tippte ein, was Mohamed ihm diktierte.

– Das macht also insgesamt 253 Rial, hier, drei Hunderter. Du hast es verdient. Bist ein guter Junge, das sieht man gleich.

Mohamed schob seinen Karren zum Großmarkt. Jetzt musste er nicht mehr zu Bouchaïb: Er konnte bar bezahlen.

12.

Am späten Nachmittag stellte er den Karren zu Hause weg und holte Zineb von der Arbeit ab. Auf der Straße waren viele junge und aktive Menschen. Mohamed war immer wieder erstaunt über den Einfallsreichtum der jungen Leute, die unzählige kleine Dienstleistungen erfanden, um sich ein Überleben zu sichern. Da gab es Zigarettenhändler, die amerikanische Zigaretten einzeln verkauften; blitzschnelle Autowäscher; junge Leute, die alte, gehbehinderte Menschen spazieren führten; Verkäufer selbstgemalter Postkarten; Spielzeughersteller, die aus Limonadendosen wunderbare Dinge bastelten; Verkäufer, die Landkarten sowie Fotos von Michael Jackson und Ben Harper feilhielten; rot gekleidete Akrobaten, die Kunststücke darboten; Affen- und Papageiendompteure; Verkäufer von illegal kopierten DVDs: Sie hatten etwas für jeden Geschmack, indische Filme, neue US-Produktionen, ägyptische und französische Klassiker. Sogar Geschichtenerzähler mit an den Westenkragen gehefteten Mikrofonen tauchten auf ... Es fehlten nur noch Schlangenbeschwörer, Hellseherinnen, Zauberer und andere Scharlatane.

Dann brach plötzlich eine Panik aus. Alle kleinen Verkäufer rannten durcheinander, um den Sicherheitsbeamten zu entkommen, die sie brutal verfolgten. Zwei Unglückliche wurden erwischt: der Papageiendompteur und der DVD-Verkäufer. Es hagelte Schläge und wüste Beschimpfungen. Der Papagei schrie gellend. Die DVDs landeten zerbrochen am Boden. Die beiden Verkäufer wurden in einen Kastenwagen der »Sûreté Nationale« verfrachtet. Mohamed hätte schreien mögen, doch er dachte an seine Mutter und an die ganze Familie. Er schluckte seine Wut hinunter und sagte sich, er wolle doch Zineb treffen.

Er freute sich, sie wiederzusehen, erzählte ihr seinen Tag, ließ aber den Angriff der Polizisten gegen die kleinen Händler aus. Er lud sie zum Fischessen in ein einfaches Lokal am Hafen ein. Sie lachten und fühlten sich wie auf einer prächtigen Wiese spielende Kinder an einem Frühlingstag.

13.

Sie gingen zu Fuß nach Hause. Unterwegs trafen sie auf Straßenkinder, die sich an einem Feuer wärmten. Ein Junge wollte eine Zigarette schnorren. »Ich rauche nicht, aber nimm das hier und kauf dir was zu essen.«

Kastenwagen des Sicherheitsdienstes fuhren im Schritttempo vorbei. Prostituierte wurden kontrolliert. Zineb sah, wie eines der Mädchen einem der Bullen einen großen Schein zusteckte. Klassisch. So läuft das eben.

Sie sprachen wieder von der Heirat.

– Wir müssen noch warten; ich habe eben angefangen zu arbeiten. Mir muss ein großer Coup gelingen.

– Und das wäre?

– Nein, kein Überfall! Ich möchte einfach einen Laden am Markt eröffnen. Ich weiß, dass einer unserer Nachbarn krank ist; er besitzt einen gut gelegenen Laden am Hauptmarkt. Das wäre wunderbar, wenn er mir den verkaufen könnte. Ich werde ihn nach und nach auszahlen. Ich habe mich erkundigt: Seine Kinder wollen das Geschäft nicht übernehmen. Sie sind Ingenieure und Techniker und brauchen keine Jobs. Das wäre ideal. Meine Mutter wollte ihn darauf ansprechen.

– Du hast recht. Aber ich mag nicht länger warten. Wir brauchen einen Ort für uns: eine Hütte, ein Erdloch, eine Abstellkammer ...

14.

Zu Hause lief der alte Fernseher. Es gab eine lobhudelnde Sendung zum dreißigjährigen Jubiläum des Machtantritts des Präsidenten. Er war mit seiner dick gewordenen Frau zu sehen. Sie waren stark geschminkt, gut angezogen, zu gut angezogen, zu sauber, kein Haar scherte aus der Frisur aus, sie lächelten fett und zufrieden. Die Kamera folgte ihnen durch ihren Palast, in ihre makellosen Gärten mit zentimetergenau beschnittenen Bäumen. Automatische Rasensprenger befeuchteten das Gras. Die Präsidentengattin meinte: »Mein Mann arbeitet so hart, dass ich ihn zu ein paar Augenblicken Erholung zwingen muss. Zum Glück geht es dem Land gut; die Bürger sind dankbar; sie drücken täglich ihre Unterstützung für uns aus, denn sie merken, dass das Land vorankommt und der Wohlstand wächst!«

Der Präsident winkte, als grüße er ein Kind.

Die Bilder waren mit schmalziger Musik unterlegt, die Mohamed auf die Nerven ging. Seine Mutter döste. Seine Brüder und Schwestern machten sich zum Schlafengehen fertig. Yassine zeigte ihm sein Schulzeugnis: in allen Fächern »ein intelligentes Kind, ein begabter Schüler, aber faul, könnte besser arbeiten ...« Er lachte und sagte: »Ich langweile mich in der Schule. Außerdem weiß ich gar nicht, wozu das Studium gut sein soll. Man sieht es ja an dir: Du hast wie ein Bekloppter gearbeitet, und dann hast du keinen Job bekommen. Jetzt ziehst du mit Vaters Karren umher.«

Mohamed versuchte ihm Mut zu machen, aber es war schwierig. In diesem Land gab es zu viel Unrecht, zu viele Ungleichheiten und Erniedrigungen.

Yassine erzählte, dass er auf dem Rückweg von der Schule gesehen hatte, wie Polizisten einen Mann zusammenschlugen. Niemand wusste, warum; der Mann brüllte, die Leute blieben stehen, und keiner griff ein. Er sagte: »Ich kenne ihn; es ist der Pförtner des gläsernen Gebäudes am anderen Ende unseres Viertels. Keiner weiß, warum, aber er wurde entlassen. Und nun hat er ein Huhn gestohlen, es war merkwürdig, das Huhn schrie auch, denn er wollte es nicht loslassen. Der hat vielleicht Schläge abbekommen ...«

15.

Am frühen Morgen brach Mohamed zu seinen Einkäufen auf. Er nahm viele verschiedene Früchte. Vor dem Markt traf er auf einen alten Kampfgenossen. Der war beim Bürgermeisteramt eingestellt worden.

– Im Rathaus habe ich nichts zu tun. Ich sitze mit vier anderen Beamten in einem Büro. Einige haben Akten zu bearbeiten, ich nicht. Ich langweile mich. Bisher habe ich noch kein Gehalt bekommen, aber ich arbeite schon sechs Monate. Ich lebe auf Pump. Meiner Meinung nach haben sie nur ein paar Akademiker eingestellt, um uns ruhig zu halten, es gibt gar keine Stellen für uns. Und wie geht es dir?

– Du siehst ja …

Sie verabschiedeten sich. Zehn Minuten später, als Mohamed an einer roten Ampel wartete, nahmen ihn zwei Männer in Zivil beiseite.

– Worüber habt ihr geredet, dein Kumpel und du?

– Nichts.

Eine erste Ohrfeige erwischte ihn unvorbereitet. Mohamed schrie und bekam einen Faustschlag in den Magen.

– Schnauze! Wie heißt dein Kumpel?

– Ich habe seinen Namen vergessen.

Die zweite Ohrfeige. Einige Passanten blieben stehen. Einer der beiden Bullen verjagte sie mit Drohungen:

– Haut ab! Das ist ein Dieb; wir machen das zu eurem Schutz. Lasst uns in Ruhe arbeiten.

Mohamed brüllte:

– Das ist nicht wahr. Ich bin kein Dieb.

Als die Menge sich näherte, warf einer der Polizisten den

Karren um, und sie ließen Mohamed mit der auf dem Boden verstreuten Ware stehen.

Die Leute trösteten ihn, halfen ihm, das Obst aufzusammeln, die Erdbeeren waren hinüber … Die Passanten redeten:

– Das ist widerlich! So eine Schande! Einen armen Straßenhändler fertigmachen …

– Das machen die wie in den Mafiafilmen … die Schweinehunde wollen ihren Anteil!

– Das wird nicht ewig währen. Eines schönen Tages bringt Gott die Wahrheit ans Tageslicht.

– Gott ist doch auf der Seite der Reichen!

Streit.

– Du Ungläubiger! Du Gottloser! Allah ist auf der Seite aller Menschen! Gott ist überall!

Einige Passanten kauften Mohamed aus Solidarität sein Obst ab. Er schenkte ihnen die Erdbeeren.

Er hatte keine Lust mehr, zu arbeiten.

Den Karren stellte er ab und nutzte die Abwesenheit seiner Brüder zum Schlafen und Ausruhen.

16.

Er sagte sich, es sei an der Zeit, dass Zineb und er sich Handys anschafften. Er kaufte zwei gebrauchte auf dem billigen Markt. Ganz einfache Telefone. Kein Abonnement. Nur zum Aufladen. Auch wenn er keinen Kredit mehr hatte, konnte er noch Anrufe entgegennehmen.

Mohamed wollte seinen Verkaufsstand besser ausstatten. Er schaffte eine Handpresse für Orangensaft an. Auf der anderen Seite des Karrens arrangierte er kunstvoll die verschiedenen Früchte. Er befestigte eine Tafel mit den Preisen. Zur Verzierung brachte er ein Foto der Sängerin Oum Kalsoum an. Er kaufte auch eine Fliegenklatsche.

Weiterhin musste er herumziehen, denn die guten Stellplätze waren alle an die Kollaborateure der Polizei vergeben.

An diesem Tag beschloss er, sich wieder in die Nähe des Krankenhauses zu wagen. Er verkaufte nicht schlecht.

Eine Polizeibrigade kam auf ihn zu. Zwei Beamte umkreisten ihn.

– Oum Kalsoum! Liebst du ihre Stimme? Wir auch. Doch warum hängt da das Foto einer alten, längst verstorbenen Sängerin und nicht das unseres geliebten Präsidenten, Gott schenke ihm ein langes Leben und Wohlstand?

– Daran habe ich gar nicht gedacht. Wenn ihr wollt, tue ich das Foto der Sängerin weg.

– Nein, lass es hängen, aber darüber hängst du ein Foto, ein schönes Foto, größer als das von Oum Kalsoum, ein Porträt unseres verehrten Präsidenten. Okay?

– Okay.

Die Brigade zog ab. Ihm brach der kalte Schweiß aus. Er hatte genug von diesen fast tagtäglichen Quälereien. Er rief Zineb an und erzählte ihr, was passiert war.

– Die wollen, dass du nachgibst. Sie sind unehrlich, korrupt bis auf die Knochen. Ich bewundere deinen Widerstandsgeist.

– Habe ich denn eine Wahl?

– Na ja … Sehen wir uns heute Abend?

– Wir sehen uns.

17.

Mohamed wartete in einer ziemlich belebten Straße auf Kunden. Ein Zeitungsverkäufer gab ihm eine arabischsprachige Zeitung mit der Schlagzeile: *Skandal: Ein Abgeordneter der Mehrheitspartei betrügt arbeitslose Akademiker. Sie füllten Einwanderungsanträge nach Kanada aus. 500 Rial pro Antrag; 252 Opfer; der Abgeordnete bleibt unbehelligt.*

Mohamed kannte diesen Betrug, auf den er selber fast hereingefallen wäre. Doch er hatte es nicht geschafft, die benötigte Summe für die »Antragskosten« aufzutreiben.

Der Zeitungsverkäufer sagte:

– Siehst du, man kann alles sagen, alles anprangern, doch es nutzt ja nichts. Der Schweinehund ist weiterhin Abgeordneter. Er hat ordentlich Kohle zusammengerafft, und die Justiz unternimmt nichts gegen ihn.

– Weißt du, es würde mich ja nicht wundern, wenn ihm einer der Betrogenen eines Tages die Kehle durchschneiden würde; wir müssen das Gesetz eben selbst in die Hand nehmen.

Eine Panik brach aus.

Mohamed begriff, dass es eine Polizeirazzia war. Er schob seinen Karren energisch weiter, versteckte sich in einer Gasse. Katzen stritten sich um eine umgekippte Mülltonne herum; Kinder spielten mit Plastikpistolen.

Er atmete tief durch, hockte sich nieder, steckte den Kopf zwischen die Arme. Am liebsten hätte er alles hingeschmissen und dem Ganzen ein Ende gesetzt. Doch dann dachte er wieder an seine Mutter, sah Zineb vor sich, seine Brüder, seine Schwestern ... Er stand auf und kehrte auf die große Straße zurück.

18.

Seit mehr als einem Monat arbeitete Mohamed nun trotz aller Widrigkeiten. Doch an diesem Morgen hatte er ein schlechtes Gefühl. Als er den Karren herausfuhr, sah er, dass sich ein Rad gelöst hatte. Er wusste nicht, ob es Zufall oder Sabotage war. Denn mit den Nachbarn hatte er schon Ärger gehabt. Sie ertrugen nicht, dass er immer wieder das Regime kritisierte. Einmal sagte ihm der Mann:

– Wenn du weiter so schlecht über die Regierung redest, bekommen wir noch Probleme. Warum machst du auch alles schlecht; willst du etwa, dass alle Leute reich werden? Du bist ein Kommunist, das ist es! Sei lieber still, denn wenn die Polizei in diesem Land jemanden verhaftet, kann man nie wissen, in welchem Zustand sie ihn wieder laufen lassen.

– Siehst du, du kritisierst die Regierung auch.

– Nein, ich sehe nur den Tatsachen ins Auge. Mir geht es gut, das Leben ist schön. (schreiend) Es lebe der Präsident! Es lebe die Präsidentin …

Mohamed reparierte das Rad.

Kinder umringten ihn, alle wollten helfen. Der Karren war wieder einsatzfähig. Er ging los.

An der ersten Straßenkreuzung hielt ihn ein Polizeibeamter an.

– Wohin willst du?

– Ich gehe zur Arbeit.

– Arbeitserlaubnis?

– Du weißt doch, dass es das nicht gibt.

– Ja, weiß ich, aber es kann ja in anderer Form existieren …

Mohamed tat, als verstünde er nicht.

Der Beamte:

– Umso schlimmer für dich; das wird teurer werden ... bis später.

Mohamed ging, ohne sich umzudrehen. Er traf auf einen Trauerzug. Seltsamerweise waren da sehr viele Leute, und manche trugen die Nationalflagge.

Mohamed fragte:

– Wer ist denn gestorben?

– Ein Unbekannter! Ein armer Mensch wie du und ich. Wir kennen die Todesumstände nicht genau. Letzte Woche ist er wegen irgend so einer Internetsache verhaftet worden. Dann fanden die Eltern ein paar Tage später die Leiche. Man hatte sie vor ihrer Tür abgelegt.

– Hat die Polizei ihn umgebracht?

– (leise flüsternd) Na klar, doch es gibt keine Beweise. Er war ein toller Kerl, arbeitete in einer Kneipe und abends surfte er im Internet.

Mohamed folgte mit seinem Karren dem Trauerzug. Er sah, wie Polizisten in Zivil fotografierten.

Nach der Beerdigung ging er zum Einkaufen auf den Groß-markt.

19.

Es war brutal. Er hatte nicht einmal Zeit, wieder aufzustehen. Zwei uniformierte Polizeibeamte, eine davon war eine Frau, warfen ihn zu Boden und nahmen seinen Karren.

– Beschlagnahmt!

– Genau, du hast kein Recht, illegal zu verkaufen, hast keine Erlaubnis, keinen Gewerbeschein, zahlst keine Steuern, bestiehlst den Staat, daher ist es jetzt aus. Dein Karren ist beschlagnahmt.

Die Beamtin:

– Und jetzt hau ab! Du bekommst eine Vorladung für die Gerichtsverhandlung. Los, mach die Biege!

Er lag immer noch am Boden, denn unterdessen verabreichte ihm der andere Beamte Fußtritte. Ein paar Schaulustige blieben stehen. Manche protestierten. Die Bullen bedrohten sie. Ein Jeep kam angefahren. Ein Offizier stieg aus und ließ sich die Situation erklären. Dann stieg er wieder in den Jeep und verschwand.

Ein Kleintransporter der Polizei erschien. Weitere Beamte stiegen aus und sammelten die Ware auf. Einer von ihnen aß einen Apfel.

Mohamed musste gehen und sie gewähren lassen.

Zuerst konnte er keinen Gedanken fassen. Er irrte durch die Straßen, wie benommen von dem, was ihm gerade passiert war. Ohne es zu merken, steuerte er auf das Rathaus zu. Dort bat er um ein Gespräch mit dem Bürgermeister. Der Pförtner drehte seinen Zeigefinger an der Schläfe, um ihm zu bedeuten, er sei wohl verrückt geworden.

– Glaubst du, man kann den Bürgermeister einfach so treffen?

– Warum nicht, ich muss ihn sprechen.

– Wer bist du denn überhaupt, dass du ihn sprechen musst? Bist du reich? Bist du bedeutend? Geh doch, und lass mich in Ruhe meinen Tee trinken.

Mohamed ließ nicht locker.

– Dann spreche ich eben seinen Stellvertreter …

– Sie sind alle außer Haus, der Gouverneur weiht eine neue Moschee ein.

– Und morgen?

– Ich gebe dir einen guten Rat: Lass es einfach bleiben!

– Einverstanden, aber ich will dir wenigstens sagen, warum ich den Bürgermeister sprechen muss.

– Warum denn?

– Die Polizei hat mein Arbeitsgerät beschlagnahmt, den Karren, auf dem ich Obst verkaufe. Es ist mein Lebensunterhalt.

– Und du glaubst, der Bürgermeister wird sich wegen deiner schönen Augen mit der Polizei anlegen?

– Es geht um Gerechtigkeit.

– Du bist ja was ganz Besonderes! Wo lebst du eigentlich? Hast du schon mal Gerechtigkeit in diesem Land gesehen? (Er senkte die Stimme.)

20.

Am Abend traf er Zineb. Sie bot ihm an, mit zum Bürgermeister zu kommen. Doch dann hatte sie eine andere Idee.

– Warum gehen wir eigentlich nicht direkt zum Polizeichef?

– Ja, warum nicht?

Sie gingen zum Zentralkommissariat.

Nicht ein Beamter dort kannte den Vorfall.

Zineb:

– Wir erheben Anklage wegen Diebstahls.

Ein Beamter:

– Du willst Anklage gegen die Polizei erheben? Wo sind wir denn? In Schweden?

– Wir wollen nur unser Arbeitsgerät zum Lebensunterhalt wiederhaben.

– Ich kann euch ja verstehen. Lasst eure Personalausweise hier, ich fotokopiere sie und kontaktiere euch, wenn es etwas Neues gibt.

Zineb traute dem Beamten nicht. Sie lehnte ab, zog Mohamed am Arm, und sie gingen wieder.

Lange liefen sie durch die Straßen. Sie hielten sich an der Hand, umschlangen sich manchmal an der Taille.

Ein Auto hielt neben ihnen. Polizisten in Zivil.

– Papiere!

– Ihr seid ja nicht einmal verheiratet. Es ist illegal, um diese Nachtzeit durch leere Straßen zu laufen.

Zineb gab die Naive und flehte den Polizisten an, sie nicht zu verraten.

– Mein Vater ist sehr brutal. Bitte lassen Sie uns laufen, wir gehen nach Hause, wir haben nichts Böses getan.

– Für dieses Mal lasse ich es noch einmal durchgehen.

Sie gingen jeder zu sich nach Hause.

In dieser Nacht war Mohamed sehr unruhig. Er erzählte seiner Mutter nicht, was geschehen war. Sein Vater hatte ihm gesagt, dass Ärger den Zuckerwert im Blut steigert.

21.

Am frühen Morgen wusch er sich. Zum ersten Mal seit dem Tod seines Vaters betete er. Er zog andere Kleider an, alles in Weiß. Seine Mutter schlief noch, er ging zu ihr und küsste sie auf die Stirn, ohne sie zu wecken. Er warf einen Blick auf seine Geschwister. Dann stürzte er hinaus. Er nahm das alte Motorrad seines Bruders, hielt an einer Tankstelle und ließ sich eine leere Plastikflasche mit Diesel füllen. Er steckte die Flasche in eine Tasche und machte sich auf den Weg zum Rathaus.

Dort fragte er nach einem Verantwortlichen.

Keiner wollte ihn empfangen.

Er kehrte an den Ort zurück, an dem ihm die beiden Beamten den Karren weggenommen hatten.

Sie waren dort. Der Karren stand leer in einer Ecke.

Mohamed ging zu ihnen und bat darum, sein Eigentum wiederzubekommen.

Der Beamte gab ihm eine schallende Ohrfeige und schimpfte:

– Hier, du Ratte! Mach dich vom Acker, bevor ich dir die Gedärme aufschlitze, los, weg da!

Mohamed hob einen Arm, um sich zu verteidigen. Die Beamtin versetzte ihm ihrerseits eine Ohrfeige und spuckte ihm ins Gesicht:

– Elender Idiot, du verdirbst uns das Frühstück, du ungebildeter Habenichts …

Mohamed erstarrte. Er gab keinen Laut mehr von sich, bewegte sich nicht mehr, sein Gesicht war versteinert, seine Augen rot, der Kiefer versteifte sich, etwas musste explodieren, er blieb zwei oder drei Minuten so stehen, eine lange Zeit.

Der Beamte schrie ihn an:

– Jetzt hau ab. Deinen Karren siehst du nicht wieder. Es ist aus, du hast es an Respekt uns gegenüber fehlen lassen. So etwas muss man in unserem geliebten Land teuer bezahlen.

22.

Mohamed nahm das Motorrad und fuhr weg.

In Richtung Rathaus.

Dort befestigte er das Motorrad an einem Pfeiler. Nahm die Flasche mit dem Diesel. Zupfte seinen weißen Anzug zurecht. Kreiste einmal um den Platz. Den Leuten fiel er nicht auf.

Es war ein sonniger Dezembermorgen. Ein 17. Dezember. In seinem Kopf wirbelten viele Bilder in großem Wirrwarr durcheinander: seine bettlägerige Mutter, sein Vater, aufgebahrt im Sarg, er selber an der Philosophischen Fakultät, Zineb lächelnd, Zineb wütend, Zineb, die ihn anfleht, nichts zu tun, seine Mutter, die aufsteht und nach ihm ruft; die Beamtin, die ihm die Ohrfeige verpasst hat; sie schlägt ihn wieder; sein Körper beugt sich nach vorne, als gäbe er sich einem Henker hin; der Himmel ist blau; er sieht einen riesigen Baum, der ihn schützt, sieht sich in Zinebs Armen unter dem Baum; sieht sich als Kind rennen, um nicht zu spät in die Schule zu kommen; seine Französischlehrerin, die ihn lobt; er sitzt an der Universität im Examen; er zeigt seinen Eltern das Abschlusszeugnis; das Zeugnis hängt an einem Schild, auf dem »arbeitslos« steht; das Zeugnis verbrennt im Waschbecken; noch einmal das Begräbnis seines Vaters; Schreie, Vögel; der Präsident und seine Frau mit riesigen Sonnenbrillen; die Beamtin ohrfeigt ihn; ihr Kollege beschimpft ihn …

Zum letzten Mal versucht er, eine Audienz beim Bürgermeister zu bekommen. Ablehnung und Beleidigungen.

Er schweigt.

Dann stellt er sich an den Haupteingang des Rathauses. Zieht die Flasche mit dem Diesel aus der Plastiktasche; übergießt sich von oben bis unten. Schüttet sich den ganzen Flascheninhalt über den Kopf. Ein rotes Plastikfeuerzeug. Er knipst es an, sieht einen kurzen Moment auf die Flamme und zündet dann seine Kleidung an.

Das Feuer entflammt sofort. Wenige Minuten. Die Menge läuft herbei. Der Pförtner des Rathauses schreit gellend. Versucht das Feuer mit seiner Jacke zu löschen. Mohamed wird zur Fackel. Als die Ambulanz endlich da ist, ist das Feuer bereits erloschen, und Mohamed sieht nicht mehr wie ein Mensch aus. Er ist ganz schwarz, wie ein gegrilltes Schaf.

Der Pförtner weint:

– Es ist alles meine Schuld, ich hätte ihm helfen müssen …

23.

Demonstrationen im ganzen Land.

Mohameds Foto: Opfer und Symbol.

Fernsehreporter aus der ganzen Welt strömen in das Land und besuchen Mohameds Familie.

Mohamed im Krankenhaus. Sein ganzer Körper ist in Bandagen gehüllt. Wie ein Leichentuch. Der Präsident besucht ihn.

Obszöne, lächerliche Szenen.

Das ganze Land erhebt sich.

Mohamed verstirbt am 4. Januar 2011.

Überall demonstrieren Menschen und rufen: »Wir sind alle Mohamed.«

III

Die arabische Welt ist müde
(*erschienen in* Le Monde, *10. April 2003*)

Eine arabische Legende besagt, dass sich alle hundert Jahre ein
Mensch erhebt, sich und damit die Nation: Er ist weder Held
noch Märtyrer, ein wie vom Himmel Gesandter, eine Art Lai-
enprophet, ein klar denkender, gerechtigkeitsliebender Weiser.
Er verfügt über natürliche Autorität und weiß, dass er dazu
bestimmt ist, ein schlafendes Volk zu wecken, ein von einer
grausamen Schicksalhaftigkeit betäubtes Volk, das in Angst und
Passivität verharrt. Auf diesen Menschen wartet die arabische
Welt schon lange. Die Leute reden über ihn, beschwören ihn
herauf und beten, er möge bald erscheinen. Ich weiß nicht, was
diese Legende taugt, doch sollte dieser Held existieren, bin ich
sicher, dass er keine Lust hat, aufzuerstehen, um einem Saddam
Hussein zu Hilfe zu eilen, der für so viel Unheil verantwortlich
ist. Vielleicht wäre er eher versucht, der arabischen Welt den
festen Willen und das Organisationstalent einzuhauchen, um
die Ausbeuter davonzujagen, diejenigen, die alle misshandeln
und zermalmen, die Gerechtigkeit fordern. Die arabische Welt
krankt an Passivität und Illusionen. Die Jugend ist lebendig und
ungeduldig, unzufrieden und bereit, alles umzuwälzen, doch sie

kann auch jederzeit dem Extremismus verfallen. Die fortschrittlichen politischen Organisationen sind überall niedergeschlagen worden. Die Zivilgesellschaften tun sich schwer. In vielen
arabischen Ländern gibt es keinen Rechtsstaat. Hingegen hat
der irrationale, religiöse oder nationalistische Diskurs Aufwind.
Das Volk äußert seine Wut, wann und wo es kann. Doch woher
kommt das Bedürfnis nach einem charismatischen, autoritären,
vereinenden und allgegenwärtigen Vater? In dem ägyptischen
Staatsoberhaupt Nasser (1918–1970) glaubten die arabischen
Menschen den so lange erwarteten Retter gefunden zu haben.
Nasser hat sein Möglichstes getan, um die arabische Nation zu
einen, ihr einen gebührenden Platz in der Welt zu verschaffen
und ihr die vom Kolonialismus mit Füßen getretene Würde
zurückzugeben. Doch dieser wahrscheinlich aufrichtige und
patriotische Verantwortliche hat eher auf seine zahlreichen Ge-
heimdienste und die Repression jeglicher Opposition gesetzt
als auf die Voraussetzungen für Demokratie und Freiheit. Im
Rückblick erinnern wir uns an ihn als einen Nationalisten, der
seinem Volk und den fortschrittlichen Eliten nicht traute. Seither versuchen Staatschefs, die auf gewaltsame Weise oder mit
den berüchtigten 99 % der Stimmen die Macht erobert haben,
in die Rolle des Erlösers zu schlüpfen. Bis heute bleibt der folk-
loristischste und anachronistischste Oberst Gaddafi. Er ist heute isoliert und wird von den Familien der Attentatsopfer an-
geschuldigt, die seine Agenten auf dem Gewissen haben. Auf
einem arabischen Gipfeltreffen hat ihn kürzlich eine anderer
Staatschef vor aller Welt gedemütigt. Sein Leben lang hat er um
jeden Preis versucht, Vereinigungen mit den Nachbarländern
zustande zu bringen, bewaffnete Rebellen auf der ganzen Welt
zu finanzieren und zu unterstützen, sein Volk mit undurch-

sichtigen und despotischen Mitteln zu beherrschen. Nur zu gerne hätte er Nassers Werk weitergeführt und für alle Araber den Helden gegeben, der ihnen einen beeindruckenden Platz in der Weltgeschichte sichert! Dieser Plan ist gescheitert, und es scheint, als habe er seine hochtrabenden Pläne aufgegeben und tröste sich mit billigem Mystizismus und Schundliteratur.

Saddam Hussein ist bei weitem gefährlicher, zynischer und gewiefter als Gaddafi. Er ist ein reines Produkt der politischen Brutalität, die den Irak seit dem Sturz der Monarchie 1958 in Blut ertränkt. Er spielt einen Solopart und glaubt nicht an das Gerede von der arabischen Einheit und andere haltlose Mythen. Er ist ein Despot, der die Funktionsweise und die Komplexität des politischen Lebens kennt. Sein (unausgesprochenes) Vorbild ist zugleich sein ärgster Feind: der syrische Nachbar Hafiz al-Assad, ein großer Stratege von außergewöhnlicher Intelligenz. Er herrscht als Diktator über Syrien, hat aber das Land nie in unnütze kriegerische Abenteuer gestürzt wie Saddam 1980, als er den Iran angriff, und dann 1990 mit dem Kuwaitkrieg. Doch als im Februar 1982 die Muslimbruderschaft sich in Hama öffentlich versammelte, befahl er seinem Bruder Rifaat al-Assad, ohne zu zögern die Stadt zu bombardieren. Innerhalb weniger Stunden gab es 25 000 Tote. Vielleicht fühlte sich Saddam deshalb einige Jahre später berechtigt, die Stadt Halabdscha mit Giftgas anzugreifen. Man muss sich nur an diese beiden Massaker erinnern, um zu begreifen, dass die arabische Welt noch tief in der Krise steckt. Saddam hätte sich nicht mit Bin Laden verbünden können, weil er ganz einfach niemandem traut und Terrorakte zudem nicht in seine Strategie passen: Er will ewig an der Macht bleiben. Die Tragödie ist, dass diese durch Angst und Gewalt regierenden Staatschefs die Vorstel-

lungswelt eines großen Teils der arabischen Menschen beherrschen. Sie kommen wie Helden, wie Erben Saladins daher. Sie
geben sich als Erlöser aus, dabei sind sie nur politische Par-
venüs, ohne Prinzipien, ohne Moral: Sie unterjochen ihre Völker und tragen auf lange Sicht zum Niedergang der arabischen
Welt bei, zu ihrer Niederlage und zu großem intellektuellem
und politischem Elend. Heute ist es schwierig, einer arabischen
Menschenmenge, die gegen den Irakkrieg demonstriert, eine
Unterscheidung zwischen Volk und Staatsoberhaupt abzuver-
langen. Es ist schwierig, zu erklären: »Ich unterstütze die Sache des irakischen Volkes und verurteile Saddam.« Diese Ver-
mischung ist unerträglich. Es ist dem Fundamentalisten Bush,
der Selbstherrlichkeit seiner Berater und vor allem ihrer Ignoranz in Bezug auf Kultur und Psychologie einer Klangesellschaft
wie der des Irak zu verdanken, dass Saddam nach und nach den
Status eines »Helden« erlangt. Die arabischen Völker haben immer mehr Zugang zu Informationen über diesen Krieg. Daher
können sie nicht umhin, Saddam zu bewundern, und vergessen
darüber die zahlreichen von ihm begangenen Verbrechen und
die furchtbaren Kriege, die er angezettelt hat. Sie bewundern
ihn in trauriger, unheilvoller Verwirrung, die aus der Vermen-
gung von Politik und Religion entsteht. In Ägypten, Jordanien
und sogar Marokko skandieren Demonstranten Parolen, die
direkt auf die islamistischen Bewegungen zurückgehen. Weitere Niederlagen an der Front der Demokratie und der Freiheit
des Einzelnen sind vor diesem Hintergrund vorprogrammiert.
Die Amerikaner tauchen selbstherrlich mit ihren mörderischen
Technologien auf und bilden sich auch noch ein, die Iraker würden da mitziehen! In einer Gesellschaft, die den Einzelnen nicht
anerkennt, zählt in erster Linie die ethnische Gruppe, der Klan.

Im Irak haben wir es mit einem Mosaik von Klans zu tun. Es ist ein schwerwiegender Irrtum, nicht zu verstehen oder zumindest zu erahnen, dass das elementare Prinzip des Klans darin besteht, dass man die Vaterfigur nicht vor Fremden verleugnet. Das ist in der Tat eine politische Niederlage für die Amerikaner. Saddam wird als Vater angesehen, selbst wenn er Mitglieder der eigenen Gruppe umbringen lässt. Wer den Chef angreift, stärkt damit automatisch die Einheit des Klans. Wir stecken heute mit diesem Krieg in einer neuen Tragödie fest, deren Verlierer in jedem Fall die Demokratie in der arabischen Welt sein wird. Das liegt auch daran, dass diese arabische Welt so verwundet, zerrissen, gespalten ist, dass sie als Einheit nicht existiert. Ihre Seele wird heute von so vielen Lügen und Illusionen zersetzt, von Verrat und zahllosen Erniedrigungen, von tiefer, trostloser Verzweiflung. Die Menschen retten sich in die Religion, vertrauen Quacksalbern, die es verstehen, ihnen scheinbare Sicherheit und unüberwindbare Vorurteile einzureden. Im Gegensatz zu den Politikern gibt ihnen der religiöse Diskurs Halt und Frieden, selbst wenn sie vieles missverstehen. Darunter mischen sich zudem das Irrationale und eine perverse Form des Attentismus. Die Demonstranten auf den Straßen sehen einer schmerzliche Tatsache ins Auge: Die arabische Welt gibt es nicht. Sicher ist die Verantwortung Bushs und seiner Berater an dieser Situation erdrückend; schwerwiegend wie selten in der Geschichte. Sie tragen zur wirtschaftlichen Unterentwicklung und zum intellektuellen Niedergang bei, diesem Fluch, der sich der arabischen Welt bemächtigt hat. Die Vereinten Nationen und die internationale Justiz müssten sich damit befassen: Dann würden Bush und seine Mitstreiter der Verbrechen gegen die Menschlichkeit angeklagt und müssten sich vor einer moralischen Instanz wie dem 1966 gegründeten Russell-Tribunal verantworten oder aber vor dem Internationalen Strafgerichtshof ... den die USA aber nicht anerkennen.

Das arabische Gefängnis
(*erschienen in* Le Nouvel Observateur, *2003*)

Als ich Jean Daniels Buch »Das jüdische Gefängnis« las, musste ich ständig an die arabischen Länder denken und an den
Prozess des Niedergangs, in dem sie sich langsam, aber sicher
verfangen, um nicht zu sagen eingerichtet haben. Mit »arabischen Ländern« meine ich bestimmte arabische Staaten, denn
es handelt sich nicht um eine globale, eindimensionale, starke
Einheit. Die arabische Welt ist vielseitig, aber auch in vielem
ähnlich. Als einheitliches Ganzes gibt es sie jedoch nicht. Das
ist eine irregeleitete Idee, die von sicher aufrichtigen, aber doch
sehr inkohärenten Nationalisten stammt, die in jedem Fall fern
jeder Realität dachten. Was haben Millionen Araber denn gemeinsam? Internes Scheitern, Niederlagen und eine klassische
Sprache, die nur von wenigen Intellektuellen beherrscht wird.
Natürlich ist da noch der Islam. Sicher eine Gemeinsamkeit,
doch sie wird sehr unterschiedlich gelebt und interpretiert: von
Bescheidenheit und Mäßigung bis hin zu Fanatismus und Obskurantismus. Die arabische Welt wird es erst geben, wenn sie
vereint ist: und zwar nicht durch irrationalen Glauben und un-
durchsichtige Leidenschaft, sondern durch eine gemeinsame
Währung, das Wegfallen der Grenzen, eine gemeinsame Sprache
und vor allem ein politisches System, das sich für die Demokratie mit ihren Voraussetzungen, Vorteilen und Schwächen

entschieden hat. Seien wir also bescheiden und klarsichtig, erkennen wir zuerst unsere Zerrissenheit, unseren Verrat, unsere Unfähigkeit an. Bevor wir andere beschuldigen, sollten wir vor der eigenen Haustür kehren und uns derer würdig erweisen, die die arabische Sprache und Zivilisation zur Hochkultur gemacht haben. Das war vom 9. bis 11. Jahrhundert, zu lange ist es her. Wir sollten diesen Beitrag der Araber zur internationalen Entwicklung weder vergessen noch leugnen. Er soll seinen Platz einnehmen und uns nicht länger als Vorwand dienen, uns nicht in Frage zu stellen und unser Schicksal nicht in die eigene Hand zu nehmen.

Das arabische Gefängnis wurde auf einem Berg von Reden und endlosen Litaneien errichtet, Worte, Phrasen, Schreie, Tränen und hirnloser Applaus; hohle Reden, die die Hoffnungen der Menschen ungeniert verrieten, uneingelöste Versprechungen. In einem Gefängnis gibt es Verurteilte und Richtende. Im arabischen Gefängnis, das den Niedergang der Araber illustriert, ist niemand am rechten Platz.

Das jüdische Gefängnis baut auf dem Bezug der Juden zu ihren Mythen auf, die Araber haben nicht einmal das Alibi einer Metaphysik, die eine anspruchsvolle Lektüre ihrer Geschichte oder eine besondere Interpretation des Koran zugrunde legt. Das Scheitern der sogenannten »arabischen Welt« nahm seinen Anfang an dem Tag im Jahr 1948, als palästinensische Familien durch Waffengewalt und Druck jeder Art gezwungen wurden, ihr Land zu verlassen. Man kann den Niedergang aber auch schon auf lange vor die Gründung des Staates Israel datieren. Da sind die verschiedenen Kolonisierungen: die osmanische, die britische, die französische. Doch damals ruhte sich die arabische Welt auf den Lorbeeren ihrer Glanzzeiten aus, suhlte sich in Nostalgie, war taub und blind, selbstgefällig und ließ die verschiedenen Züge der Moderne seelenruhig an sich vorbeiziehen. Die Welt veränderte sich, und die Araber glaubten, über allem zu stehen. 1952 gaben »freie« ägyptische Offiziere ein Aufbruchssignal. Sie stürzten die Monarchie, rissen die Macht an sich, versprachen die Einheit der arabischen Staaten und verfielen dann dem Totalitarismus der Einheitspartei, die jede Opposition im Keim erstickte. Das gab den Ton an: Die Grundsteine des arabischen Gefängnisses waren gelegt. Im Irak wird der König ermordet. Szenen von seltener Brutalität. Darauf folgte eine Reihe brutaler Abrechnungen zwischen Anwärtern auf die Macht. Nicht nur, dass der selbst mit Gewalt an die Macht gekommene Staatschef abgesetzt wurde, man schnitt ihn in Stücke und zog mit den Überresten durch die Straßen von Bagdad. Der Maghreb erwacht und fordert die Unabhängigkeit. Die ganze Region setzt ihre Hoffnung auf den Kampf der Algerier. Wir wissen heute, wie es weiterging. Nach Ben Bella kam unter Boumedienne der nötige Zement dazu, um ein riesiges Gefängnis zu errichten. Der Libyer Gaddafi folgt auf Boumediennes Spuren und hält sich für den Rächer und Vereiniger der islamisch-arabischen Welt. Neuerdings heißt es, er habe sich von dieser Welt scheiden lassen. Er hat Unsummen an die Familien der Attentatsopfer ausgezahlt, und anscheinend hat die westliche Welt ihm verziehen. Er wurde nicht etwa verhaftet und wegen seiner Verbrechen vor Gericht gestellt; man hat ihm die Absolution erteilt, und das Embargo der Vereinten Nationen wurde aufgehoben. Saddam Hussein hat ebenfalls eine Bodenplatte zum Kerkergebäude beigetragen. Die Monarchien der Golfstaaten wiederum finanzieren aus den Erdölgeschäften den Betrieb dieses gewaltigen arabischen Gefängnisses. Und sorgen dafür, dass es abgeschlossen bleibt.

Der Niedergang erfolgt auf allen Gebieten; die Armut der Bevölkerung wächst; es gibt keinen Ort für die Freiheit des Einzelnen; die Ignoranz findet als Subkultur weite Verbreitung und öffnet Tür und Tor für Obskurantismus und religiösen Fanatismus. Einige Regime führen sich wie Zauberlehrlinge auf: Sie finanzieren die Extremisten und glauben so, von ihnen verschont zu bleiben. So zum Beispiel Saudi-Arabien, oder zumindest einige Mitglieder der Herrscherfamilie.